シリーズ 教育の達人に学ぶ 1

子どもの心をゆさぶる 多賀一郎の国語の授業の作り方

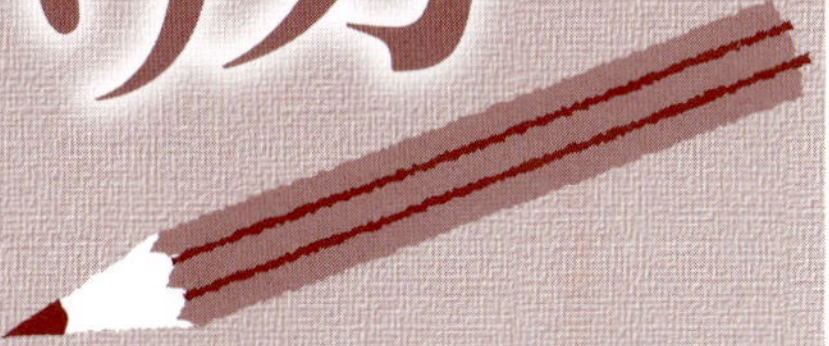

多賀一郎 著

黎明書房

はじめに

―今、国語の授業は成り立っていますか―

「国語の授業をどうしたらいいのか分からない」という声をよく聞きます。若い先生方からの相談を受けるときも、やはり国語の授業に関することが多いのです。

その内容は、主に次のようなことです。

・教える内容が分かっているようで、もう一つはっきりしない。

・国語の授業として自分の抱いているイメージと、実際の授業との間にギャップがある。

・今読んでいる文章と同じテストをしても、力がついたかどうかが分からない。

一方、違った文章でテストをしたら力が分かるかというと、はっきり言い切れない。

・結局、漢字や言語事項の指導しかできないように思える。

・教材文を何度も読み進めるうちに、子どもが興味を失ってくる。

要するに、国語の授業そのものがよく分からないということなのです。

また、国語の授業を参観していても、なかなか僕自身が面白いなと感じる授業に出会えません。優れた教材を陳腐なものにしてしまっていたり、話し合いと言いながら言葉のキャッチボールができていなかったりする授業に出会います。何よりも、子どもたちが面白そうでないのが、一番気にかかります。

国語の授業を受けていて、目が輝いている姿、心が揺れ動いている姿、そんな姿になかなかお目にかかれないのです。

「国語の授業って楽しいね。」

「国語が好きになったよ。」

「国語って、いいなあ。」

そんな言葉を子どもたちが出してくれるような授業を仕組まないと、国語ぎらいが年々増えてしまうような気がします。

国語の授業は、言葉の授業です。言葉を学習するときには、心が伴わなければなりません。「思い」がないのに発する言葉に意義があるでしょうか。詩や文章を読んで、そこに人の心を感じて心を揺さぶられないのであれば、読む意味なんてないでしょう。言葉を学ぶときも、言葉を使うときも、言葉を感じるときも、すべて心を伴う指導を仕組まなければならないのです。

受け手の子どもや保護者にも納得ができ、心が動いて子どもの目がきらきらと輝く。そんな国語の授業の作り方をこの本の中に書いたつもりです。

恐れ多いことではありますが、自分が国語教師として授業に取り組んできた中で、確かに子どもたちの心が動いたと感じることがありました。子どもの力を充実させられたと、はっきりと確信できたこともあります。失敗を繰り返し、何年も悩み続けながらも、国語を大切にしようとする先生方へのヒントとなるものを、いくつかはつかんでいるように思います。

それらの中には、簡単に取り組めることもあれば、もっと骨太に自分を磨かなければならないこともあります。明日すぐに使えるようになる方法もあれば、これからの教師人生を通じて身につけていってほしいこともあります。


今回は、まず、よく講座や指導助言に呼ばれたときに尋ねられる「国語の教材研究の仕方」を、具体的な例を通してまとめました。

次に、教材研究を形にするための、発問と板書の工夫の考え方についてアイデアのいくつかを示しました。

そして最後に、本を使って学級教育をするということについて、書いています。学級で困っていることに対して、本が大きな力を発揮するということを知ってください。

この本を読んだら、まず、できることから実践してみてほしいものです。きっと子どもたちが変わります。子どもが変われば、その姿から、また多くの学びがあることでしょう。そして、学びから、今度は新しい自分の国語の授業が育っていくのだと考えています。

二〇一〇年九月一日

甲南小学校　多賀一郎

目次

第Ⅱ章　子どもの心をゆさぶる発問と板書の基本 43
―伝わるための伝える方法―

第Ⅲ章　本を通して子どもを理解し、子どもの心をゆさぶる

第Ⅰ章

子どもの心をゆさぶる具体的な教材研究の方法

料理と授業　―教材研究は自分のレシピづくり―

料理と授業は、よく似ています。料理は、授業というものを考えるのに、ちょうど良い喩えになります。料理というものを通して、授業というものが見えてきます。

例えば、料理のレシピは、授業の指導計画みたいなものです。

一流のシェフのレシピを見ながら料理をしたら、誰でも同じような料理ができるでしょうか。無理ですよね。それは、料理人の細かい技術が違うからです。材料の選び方も違うでしょう。具材の切り方も違うし、塩加減・火加減も違います。ここ、というポイントがすべて違うのです。

授業で考えると、名人の授業の方法をそのまま追試しても、なかなかうまくいきません。似て非なるものになってしまいます。子どもも違うし、学級のムードも違うし、ちょっとした子どもの言葉の取り上げ方も、切り込むタイミングも、全く違うからです。

授業も料理も、技術や哲学を持たないで名人の真似だけしたって、おいしいものは作れないのです。

また、激しい肉体労働をする人に薄い味付けをしたら、まずく感じてしまいます。僕の実家は食堂をしていて、近くの高校のバスケット部の食事を作っていましたが、日ごろ薄味好みの母が、このときだけは濃い目に味付けしていたことを覚えています。

一方、年配者にこってりした味付けをすると、味が良くても、受け付けてもらえません。つまり、相手に応じて味付けを変えるということが必要なのです。どこでもいつでも同じ味では、「おいしい」と言ってもらえないということです。

授業も同じで、学校、クラス、地域、そしてもちろん子どもたちによって、微妙に変えていかないといけないものがあります。いや、同じ子どもたちでも、日によって微妙に変わることさえあります。

例えば、「野球とベースボール」という教材が出てきたとき、二十年前であれば、ほとんどの男の子たちはキャッチボールくらいはしたことがあるので題材が分かりました。でも、女の子は全く分からないので、女の子にも理解できるような授業の仕方を考えました。学習の視点を女の子の反応において授業を仕組みました。男の子たちに説明させて、お互いの勉強になるような学習ができました。

今なら、サッカー小僧が多くて、キャッチボールすらしたことのない男の子も多いので、みんなが野球を知らないものとして授業を考えなくてはなりません。文中の野球用語の一つ一つについて、確かめながら読み進めていかなければならないのです。

それから、料理のレシピは、自分のレシピを持たないといけません。人のレシピからヒントはもらえますが、自分のレシピを持たないシェフなんて、二流・三流ですよね。自分で材料を選び、味加減や火加減も自分で工夫していくことでしか、一流のシェフへの道はないでしょう。

僕は、教材研究は自分のレシピづくりだと考えています。

料理人が腕を磨くのと同じように、教師は教材研究を通して自分の授業のあり方というものを作っていくのだと思っています。

1　教材研究の二つの考え方

教材研究をしていくときには、いつも二つの考え方を頭に置いておく必要があります。

一つ目は、目の前の授業、明日しなければならない授業のための教材研究です。

教師には、日々、授業があります。明日の授業をどうするかということの積み重ねでしか、教師は暮らしていけません。目の前の授業をおろそかにはできないのです。

明日の授業のために、インターネットや書籍で情報を集めてみたり、というようにハウツーを用いることも必要です。待ったなしで明くる日は来るのですから。

時間のないときもあります。先輩の優れた実践をそのまま使わせてもらうことがあっても、仕方ありません。ただし、このときに、どうしても教材研究そのものが浅くなるのだということだけは、自覚しておきましょう。

二つ目は、教師として、将来の貯金となるような教材研究の仕方です。

明日の授業のことだけを考えすぎると、教師としての力がついていきません。ハウツーだけを追いかけていた教師が行き詰まるときがあるのは、それが原因です。効率が悪く、一見無駄のように見えた教材研究が、何年も積み重ねていくと、すべて無駄ではなくなり、教師生活を支える力になっていくのです。

僕自身がそうでした。若い頃から、いっぱい無駄なことをしてきました。でも、年を経てくると、不思議なことに、これまで無駄なことだと思っていたこと、要領が悪くて意味がないように見えていたことが、すべて教師として役に立つものに変わってきました。

作文指導の本をたくさん調べて、自分なりに「これだ」という作文の観点表を作って、子どもの作文を全て観点別に記録したことがあります。日々の日記を含めて六十人全ての作文をチェックしたので、記録するのに時間が山ほどかかり、子どもに何も返せないままに終わってしまいました。そのときは、全く無駄な時間のようにしか思えませんでした。（意地になって最後までやり遂げましたが……。）

でも、あのときの無駄は、今、子どもたちの作文を見るときの観点として生きているように思えます。何年も作文教育をしていく中で、僕の骨となり肉となっていったのです。どこかにこの観点表が残っていて、子どもの日記を見ながら考え続けてきたのだと思うのです。

いつも一つ一つの言葉を調べるときに、二冊以上の辞典を引いてきました。後で詳しく述べますが、それを通してたくさんの学びがありました。ていねいな教材研究は、長期にわたって教師自身を骨太でしっかりしたものに育ててゆくのです。

具体的な話に入りましょう。

2　これだけはしておきたい教材文の教材研究の仕方

◎めあてをきちんと立てること

これは、絶対に必要です。なんのために授業をしているかを分かっていないと、子どもの発言に流されるだけになります。「きちんと立てる」とは、たくさんのめあてを立てないことです。一度にたくさんのめあてを達成する授業なんて、あり得ません。一時間の授業では、国語のめあては二つか三つ。なんで一つと言わないかと言うと、内容としてのめあてと、心情的めあてがあるからです。この心情的めあてこそが、子どもたちの心を揺り動かすことなのです。

そのめあてに向かって全ての子どもたちを前進させること、それが授業なのです。

◎一人一人が、そのめあてに対してどういう課題を持っているのか

なんのことかと言うと、例えば、国語の説明文の読み取りに対して、音読の苦手な子、語彙不足が考えられる子、説明文に抵抗のある子など、子どもによって課題は違っています。それぞれの子どもにとってのめあてを考えておかないと、全ての子どもが授業という同じ土俵に上がって学習することはできません。ただし実際は、一人一人とは言っても、いくつかのグループとしてまとめて考えることはできますね。

僕の教師生活は、帰国子女学級という特殊な学級から始まりました。そこにいたのは、香港、カナダ、チェコスロバキア、アメリカ、カタールなど、様々な国々のいろんなカリキュラムと言語体験を経て帰ってきた子どもたちでした。どの子もみんな感覚が違うので、どの言葉ならクラス全員が分かるのかということが、全くつかめませんでした。指導書をそのまま使うことなどあり得ない状況でした。

「もっとていねいに書きなさい。」

と言ったとき、

「ていねいって、なあに。」

と返されたときの驚きは、今でも忘れられません。

「滝にうたれる」という話をしたときに、カナダから帰ってきた子どもは、

「死んじゃうよ。」

と、驚いていました。ナイアガラの瀑布しか知らないからでした。

僕は、この子たちと授業をするときに、いつも一つ一つの言葉を確かめながら進めました。子ど

もたちが自分の発する言葉を分かっているのかどうかを、考えていました。それが僕の原点になりました。完璧にはできないけれども、一人一人を考えて授業を作るという方向性ができました。

帰国子女というのは、特殊な子どもたちです。しかし、今ふつうのクラスに座っている子どもたちには、一人一人の言葉の違いはないのでしょうか。やはり、子どもたちの一人一人の課題というものを、全てはできなくても、少しでも考えながら教材研究をしていくことが、本当の国語の授業を作ることになると思うのです。

◎学習活動が、教科としての楽しさを保証するのか、ということ

授業中に冗談やギャグで子どもが笑うというのは、「教科としての面白さ・楽しさ」ではありません。授業を盛り上げるゲームの楽しさも、「教科の楽しさ」ではありません。社会科には社会科の、算数には算数の楽しさがあり、それぞれの楽しさに触れさせることが、教科離れを防ぐことになるのです。

では、国語の楽しさというのは、いったい何なのでしょうか。それは、

・言葉を声に出す楽しさ
・言葉の増えていく楽しさ、言葉について考える楽しさ
・文章が読み取れる（分かる）楽しさ
・文字を書き表す楽しさ
・言葉に感じ、言葉で表現する楽しさ

などのことです。こういう楽しさを味わわせる授業を仕組まなくてはなりません。

さて、いよいよ、これだけはしておきたい国語の教材文の教材研究の仕方を示しましょう。

①　読み重ねて、読み取る

国語の教材研究の基本は、何度も本文を読むことです。でも、ただ何も考えずに繰り返し読んでも、何も得られません。「読書百遍、意、自ずから通ず」とは言いますが、その一つ一つの読みにそれぞれ意味のあることが必要です。

一回目

自分が読んで何を感じたのか。どこに疑問を感じるのか。

新鮮な感動は、初読でしか味わえません。心をまっさらにして教材に向かうことです。一人の人間として感じたことが、教材の値打ちにもつながります。

同じ教材でも、読むときによって違った感想を持つものです。

僕が教師になった年に、四年生の「一つの花」を初めて読みました。そのときに感じたことは、戦争の悲惨さとゆみ子の強く生きていく姿でした。

数年後、娘が生まれました。直後に読んだ「一つの花」では、涙があふれて止まりませんでした。一人の幼い娘と妻を残して戦場へ向かう父親の心情が、痛いほど感じられたからです。

大人の教師でも、読むときによってそれほど違うということを知りました。

教師は、その時その時の自分の感じたことを中心に教材を見ていってもよいと思っています。感動は大切にしたいものです。

二回目

言葉に—線を引きながら。

・「分かりにくいだろう」と推測される言葉は、どれか。

・脚注に取り出されている言葉は、その説明で子どもに分かるだろうか。

・「うちのクラスの子どもたちに分かりにくい言葉はどれだろうか。」

・「この言葉は、この前の校外学習で体験したから分かるだろう。」

こういうことを考えながら—線を引くのです。これは、言葉を吟味していくことなのです。

例えば、「ミラクルミルク」という二年生にしては少し難しい説明文がありました。その中に「ミルクをかき回すと、白いかたまりができます。これは、ミルクの中のしぼう（あぶら）がかたまったものです。こうしてできたかたまりがバターです」という表現が出てきます。二年生ではイメージしにくい表現ですね。ところが、このときの僕のクラスの子どもたちは楽に理解していきました。実は、たまたま数日前の遠足で牧場に行って、ミルクからのバターづくりを全員が経験していたので、分かりやすく、また、興味もあったようです。

文章の読み取りに先行経験は本来必要ありませんが、たまたま全員が経験していたら、そこは特別に指導しなくてもすむということです。教材の取り扱い方は、そのときの子どもたちの実態に応じて変わるのだということです。

三回目

難しい文、読み間違いやすい表現はないか。

子どもたちのレベルを考えながら、文章や表現で子どもにとって難しいものはないかということを考えて読みます。大切なことは、ここでも、子ども一人一人の顔を思い浮かべながら読むということです。

分かりにくいと思った表現や文は、教材研究ノートに書き出します。

五年生の有名な教材「大造じいさんとガン」を例にあげましょう。この中に大造じいさんが小屋を作って前日から中に入り、ガンたちのやってくるのを待つ場面があります。

そして、ねぐらをぬけだして、このえさ場にやってくるガンの群れを待っているのでした。

この表現が分かりにくいのは、重複文になっているため、主語が「ガン」なのか「大造じいさん」なのかが分からなくなるからです。高学年になると、文章を難しく感じることの原因の一つが、この重複文です。一文が長くなると、どうしても重複文になりやすいのですね。

こういうときは、左のように板書して考えさせます。

そして、

ねぐらをぬけだして、
　このえさ場にやってくる
　　ガンの群れを

　　　待っているのでした。

「ねぐらをぬけだすのはだれですか」と問いかけると、意見は大造じいさんとガンに分かれます。子どもたちの何人かは、ここで読み間違いをするのです。大造じいさんが小屋の中にいないと、なぜずっと前から小屋を作っていたのかということとのつながりがおかしくなります。そこに目を向けさせて考えると、「ねぐら」をぬけだしたのはガンたちだということになります。読み取りの糸口にもなるのですね。（小屋の中に大造じいさんがいる挿絵の教材文もありますが、ないほうが読み取りの学習になります。）

四回目

文種によって読み方が変わります。

説明文や文学的文章、それぞれに読む観点というものがあります。

説明文だと、キーワードとなる言葉は何か。文学的文章だと、この作者・作品の独特の表現はないか、といったことです。

さらに、文末表現だけを見ていくこともできます。

・事実を書いている「ます。」「です。」「でした。」
・考えを書いている「でしょう。」「と、考えられます。」

などです。

また、自分が音読して読みにくいところはないか、子どもたちが音読するときにひっかかりそうなところはどこか、などを意識して音読することも大切な教材研究です。声に出して読むと、イントネーションや区切り方のひっかかりそうなところが、よく分かります。

このように、一回ずつにテーマを決めて教材文を何回も読み込んでいくのです。その一回一回でも頭に置いておくべきことは、しつこいようですが、子ども一人一人の顔を思い浮かべながら、読むということです。子どもを考えながら読む。この読み込みの繰り返しによって、教師自身の国語の基礎的な力が上昇するのです。

自分は、一回目はこういう視点で読み、二回目はこう考えて読む……というように決めていけば、自分なりの教材研究になることでしょう。

②　低学年の教材くらいは書写しよう　―書き写すと、分かってくることがある―

教材文を書写すると、ただ読んでいるだけの場合とは、大きく違うことが分かってきます。どう違うかと言いますと、書写するときには、文章の表記に目が向くのです。

「夕鶴」の名演技で知られた、故山本安英さんが、生前、口にされていた言葉に、大きなヒントがあります。

「脚本を読んでいて、どうもこの部分は解釈しにくいなというとき、私はいつも、書写することにしています。そうしますと、読んでいるだけでは分からなかった、文章の機微といいますか、微妙な部分がわかるようになるのです。」

この言葉は、書写の大切さを示しています。文章を書き写すと、読んでいたときには分からなかった作者の息づかいみたいなものが感じられるものです。

例えば、文集を手書きしていると、子どもの書いた作文の書きぶりをなぞっていくような感覚になります。読んでいただけでは思ってもいなかった子どもの書きぶりが伝わってくるような気がします。「なぜこの子はここで読点を打ったんだろう」とか、「ここは本当はひらがなで書くべきなんだけど、カタカナにしたかったんだな」などと、いろいろなことを考えながら子どもの思いをなぞ

っていくことになります。書写することの意味を最も強く感じるのは、そういうときなのです。

そういうことを考えると、せめて低学年の文章ぐらいは短いのですから、書写してみるべきです。僕は高学年でも全文を書写しています、今でも。その書写によって、国語の力がついていったという実感があります。それが最高の教材研究だとも、考えています。

さらに、赤線を引いた教科書の指導書などではなく、自分が書写したノートを手に持って教えるということにも、意味があるのではないでしょうか。子どもたちは、教師が何を手にして教えているかをちゃんと見ていますから。

書写にも、いろいろなやり方があります。ときには、違った書写のやり方をしてみることは、教師の気分転換にもなるし、新しい文章を読み通す視点というものも生まれます。教師自身が楽しみながら教材研究するという気持ちも大事だと思います。

高学年の説明文などでは、表を作って一文ずつ文節ごとに分けて書いていくという方法があります。表の分け方は、その教材によって違います。一つの分け方を示しましょう。

「茶わんの湯」（寺田寅彦）より

ここに茶わんが一つあります。中には、熱い湯がはいっております。
ただそれだけでは、なんのおもしろみもなく不思議もないようですが、よく気をつけて見ていると、いろいろの微細なことがだんだんに目につき、さまざまの疑問が起こってくるはずです。ただ一ぱいのこの湯でも、自然の現象を観察し研究することの好きな人には、なかなかおもしろい見物です。

文章構成表　私案

つなぐ言葉（接続詞など）	重要語句・主部にあたるもの	指示語【指す内容】	その他	述部にあたるもの
	茶わんが	ここに【目の前】		一つあります。
中には	熱い湯が		いっぱい	はいっております。
ただ ですが、	いろいろの微細なことが さまざまの疑問が	それだけでは【熱い湯がいっぱい入っていること】	よく気をつけて見ていると、 だんだんに	なんのおもしろみもなく不思議もないよう 目につき、 起こって来るはずです。
	ことの好きな人には	この湯でも、【いっぱいの茶わんの湯】	ただ一ぱいの 自然の現象を	観察し研究する なかなかおもしろい見物です。

つなぐ言葉（接続詞など）、重要語句・主部にあたるもの、指示語【指す内容】、述部にあたるものの等に分けました。この表に限らずどんな分け方でもいいのです。「主語」にせず、「主部にあたるもの」としたのは、重複文を考えてのことです。「その他」は区別できないものを全て入れるところです。

こうやって、一文一文の仕組みを考えながら写していくと、文の構成や大事な言葉などが、よく分かります。一文を吟味しないといけないので、ていねいに読んでいくことにもつながります。一つの文章全体を書写していくうちに、自分の見方の甘さにも気付かされます。

時間はかかります。すぐに指導につながらないときもあります。

しかし、間違いなく教師の国語の力をアップさせる方法だと思います。

③　辞典を引くことで授業が見えてくる

辞典を引くということは、国語の教材研究の基本です。国語辞典には、いろいろなことが書いてあります。言葉の意味だけではありません。例文（用例）・反対語・同義語・その他の関連事項などさまざまです。辞典を引いて読むだけでも、言葉の世界が広がります。

辞典は、二冊以上引くべきです。なぜなら、各辞典によって少しずつ書いてあることが違っているからです。

僕は、そのことをそのまま授業として仕組むことがあります。

「ニュース作りの現場から」（五年）という教材文の導入において、僕が調べた三つの国語辞典の内容をそのまま書いて、子どもたちに渡しました。そして、

「さて、この中のどれが教科書の文の『現場』の意味に近いでしょうか。」

と、問いかけました。

【光村版　国語学習辞典】

❶ 物事が行われた場所、または、現在行われている現場。

例…交通事故の現場

❷ 作業や工事の行われている場所。

例…現場監督

【三省堂　例解国語辞典】

❶ 事件や事故などが起こった場所。

❷ 体を使ってする作業的な仕事が行われている場所。

【岩波　国語辞典】

❶ 物事が現在行われている、または実際に行われている場所。

❷ 実際に作業をしている場所。

子どもたちにとって、どれが一番分かりやすいと思いますか。

子どもたちは本文を読み返してこの文章での「現場」の意味を考えました。そして、多くの子どもが最終的に選んだのは、三省堂の例解国語辞典の❷、「体を使ってする作業的な仕事が行われている場所」というものでした。これは、読み取りにもつながっているというわけです。このときは三省堂の説明がぴったりと合いましたが、いつもそうだとは限りません。辞典を何種類も引いていると、そのことがよく分かってきます。

辞典を二つ以上引くことの意味が分かってもらえましたでしょうか。

次に、子どもを頭に置きながら教師が辞典を引いてみることで、発見があります。

「子どもたちが辞書を引いたら、一番目の意味をとるだろうな。でも、これは完全に三番目の意味だ。では、引かせてみよう。言葉を吟味することの大事さを教えないといけない。」というように。

三つ目に、辞典を引きながら、指導の仕方も考えるようになってくることがあります。辞典は、どの学年のどの子どもたちでも理解できるようには書いてありません。

「この辞典の説明では、三年生には分かりにくい。なんと説明したらいいんだろう。」と、辞典を引きながら考えていくわけです。

その上、辞典を引くことによって教師自身の語彙が増えていきます。毎回、いろいろな言葉を調べて少しずつしっかりと語彙を広げていくと、十年、二十年後には、言葉の力を持った教師に育っていくということです。

ともかく、辞典を引くということは、国語の教材研究の基本だと言えるでしょう。

④ 文学教材の場合に特に必要なこと

まず、登場人物の設定が必要です。全ての文学作品は、人物を通して人間を読んでいくと言っても過言ではありません。特に、文章を読んでいくときのどの段階で登場人物の人物設定ができるのか、ということがポイントです。できるだけ早い段階で、作者は人物設定をしているものなのです。そうしないと、人物のイメージが読み手によってばらばらになってしまうからです。

読み進めていくときには、どんな人物をイメージして読んでいるかによって、読み取り方が変わってきます。各自が作者の表現した人物と違うイメージで読んでいったのでは、読み取りもずれていくでしょう。

次のような事柄が、人物設定になります。

年齢・性別・家庭環境・家族構成

住まい・職業・立場・情況

友人関係・社会的位置づけ・性格・容姿

作者は、読み手にこうしたヒントを出して、人物のイメージを作っているのです。

僕はよく子どもたちに、「同じ事をしても、人物の年齢によってその意味が変わる」と言います。

一年生が空気を読めなくても、誰も変に思わないですが、六年生になって、教室の空気が読めなかったら、うとんじられたり、ばかにされたりすることもあるでしょう。

「一つの花」のゆみ子のことを「お父さんのおにぎりまでちょうだいといってわがままだ」と言う子どもがときどきいます。こういう子は、人物設定の段階で読み取れていないか、人間理解ができていないのですね、ゆみ子の年齢を頭に置いて読んでいたら、戦場に行くお父さんのおにぎりまでほしがっても仕方ないことだと思えます。

ゆみ子の年齢は、はっきり何歳とは書いてありません。文章をよく読んで言葉を読み取ることによって、想定していくものなのです。

「おじぎりちょうだい」という幼児語。まだそんな言葉しか話せないということは、幼稚園児までもいっていないということが分かります。

同じ行動でも、年齢によってそのとらえ方が変わるということですね。

●さらに具体例で、人物設定を考えましょう

文章の最初のほうで人物設定を読み取るのだと述べましたね。ではまず、有名な「ごんぎつね」の人物設定を、はじめの方の一節からしてみましょう。

> その中山から、少しはなれた山の中に、「ごんぎつね」というきつねがいました。ごんは、一人ぼっちの小ぎつねで、しだのいっぱいしげった森の中に穴をほって住んでいました。そし

て、夜でも昼でも、あたりの村へ出てきて、いたずらばかりしました。はたけへ入っていもをほりちらしたり、菜種がらの、ほしてあるのへ火をつけたり、百姓家の裏手につるしてあるとんがらしをむしりとっていったり、いろんなことをしました。

「ごんぎつね」新美南吉

・「小ぎつね」（子ではない）です。小さいが、大人のきつねなのです。幼いのではありません。ここをおさえておかないと、文全体の読みがおかしくなってきます。子どもたちは、自分とごんを同化して読んでいこうとします。子どものきつねだと思いこみがちなのです。はっきりと大人だということを印象づけて読んでいかないと、この文章の値打ちに到達しないのです。

・「一人ぼっち」とは、どういうことか。親兄弟もいない。友だちも仲間もいない。そこをきちんと想像させないと、どうしていたずらを繰り返しているのかが分からないのです。（教室に友だちのいない一人ぼっちよりも、もっと「一人」なのだと考えさせなければなりません。）

・いたずらばかりしているという「いたずら」が、ごんと人間のそれぞれの立場からどういうものなのかということを、最初に設定しておかないといけません。そうでなければ、無邪気に「おれと同じ……」と言うごんと「あのいたずらぎつねめが……」と言う兵十の気持ちとのすれ違いの深さにつながっていきません。

・「しだのいっぱいしげった森の中に穴をほって住んで」いるのです。絵本で森の中のくまさんの明るい文化的なおうちなどを見てきた子どもたちには、このリアリティのある表現をきちんと理解させなければいけません。しだは、じめじめとした日陰に生える植物です。この暗いイメージがごんの気持ちを理解することと、お話のイメージにつながっていることも、考えておかなければならないことです。

・ごんの行動が、食事をとるためのやむを得ない行動なのではないことが、きちんと書かれています。いもも、ほりちらすだけで、食べてはいません。完全ないたずらなのですね。

こんなふうに「ごん」という人物を設定して、その人物の言動を読み取っていくというわけです。

●五年生の「わらぐつの中の神様」という話で、おみつさんを表す表現から、人物設定をしてみましょう

「特別美しいむすめというわけではありませんでしたが……、体がじょうぶで……だれからも好かれていました」というのが、ポイントです。物語を読むとき、どうしても主人公には美しいイメージをもってしまいがちです。ヒロインなのだから、仕方がないでしょう。でも、作者ははっきりと書いています、「特別美しいというわけではありません」と。「特にきれいな女の子じゃないんですよ。どこにでもいる、ふつうの女の子なんですよ」と、書いているのです。ここをきちんとおさえないと、この話のメッセージである「神様のような誠実な心の美しさ」が、ぼやけてしまいます。

本音で語る子どもに育てられていたら、子どもたちは初読のときにこう言います。

「大工さんが一目惚れしたから、毎月わらぐつを買ってくれたんだ。」

などと。

これでは、大工さんがおみつさんのどこに人間としての値打ちを見いだして自分のおよめさんになってくれと言ったのかが、考えられません。浅い読みになってしまいます。特別美しくもないむすめさんだからこそ、その誠実さの魅力が輝くのではないでしょうか。

このように、教師の教材研究段階での人物設定がきちんとしていないと、指導もいい加減になって、子どもの正しい読み取りなどできないと、考えています。

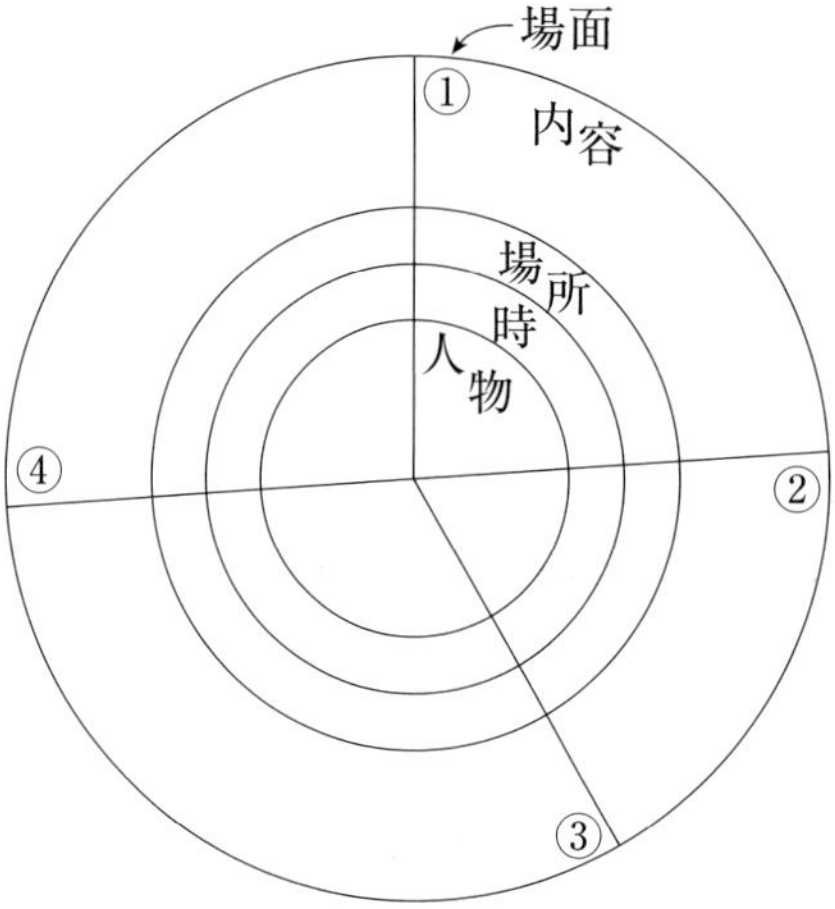

⑤ 場面構成図を書いてみよう

文学教材の教材研究の方法としてお薦めなのが、「場面構成図」というものです。

上の図のように、教材文全体を場面ごとに分けます。そして、サークルで「登場人物」「時」「場所」「内容」というふうに仕切ります。本文を場面で区切り、各場面をそれぞれの観点で読み取って書いていきます。

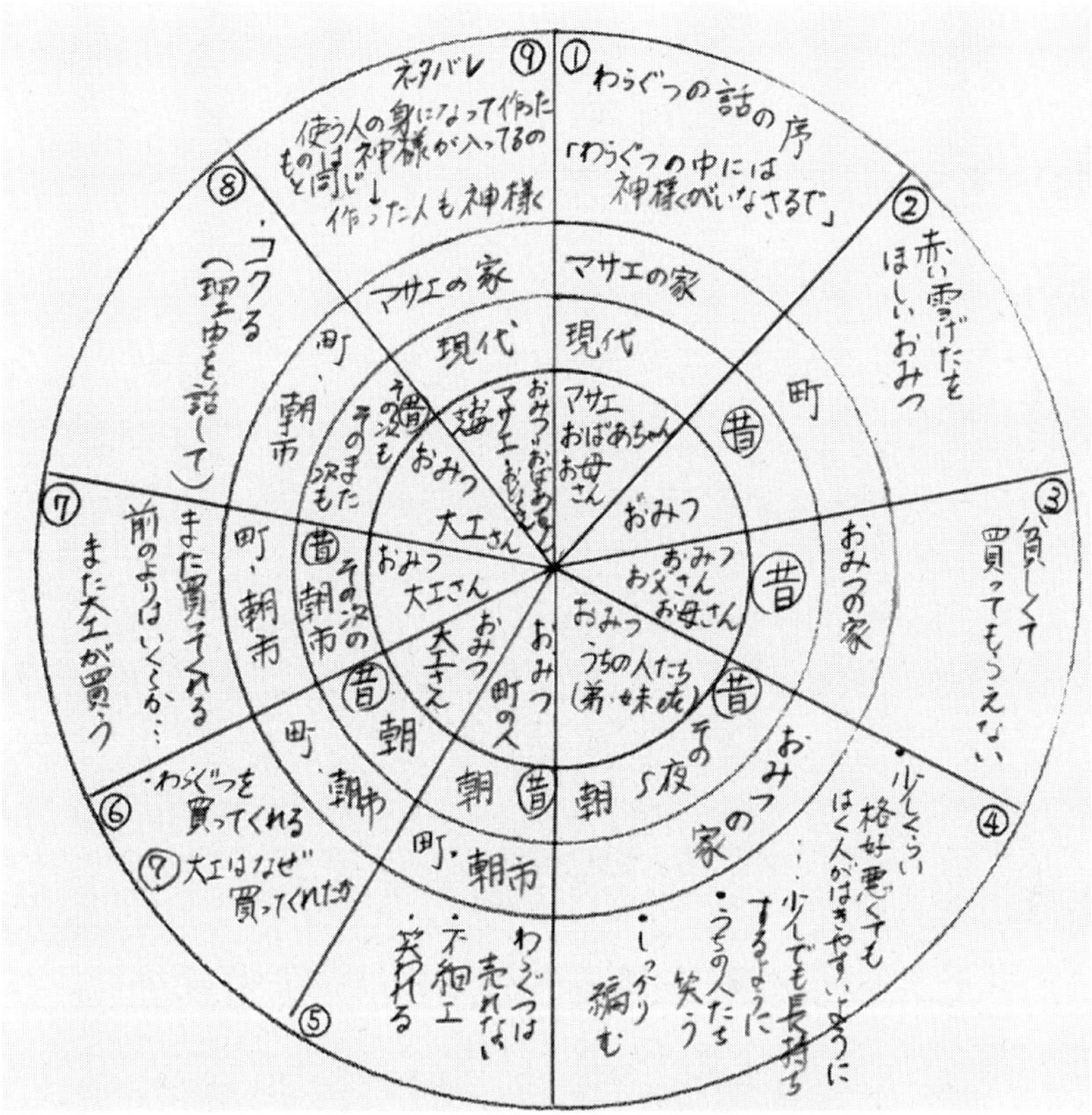

「わらぐつの中の神様」場面構成図事例

「内容」のところには、だいたいのまとめか、ポイントとなる表現を書いていきます。僕は、教材研究は楽しみながらしていくほうがいいと若い先生方に言っています。ちょっと遊び気分でアバウトに書いてみることもあっていいでしょう。

これをすると、自分ですっきりします。文章全体の構成が頭にすっと入ります。

⑥ 説明文教材で必要なこと

ここで、説明的文章の教材研究で頭に置いておかないといけないことを述べます。

まず、説明文は、知識や情報を読み取る教材ですが、そのことだけに焦点を当ててはいけないということです。理科や社会科の学習ではないということです。具体的には、動物に興味を持たせるために「動物の赤ちゃん」があるのではないし、タンポポをくわしく知るための「タンポポのちえ」ではないということなのです。

題材の面白さだけに頼っていたのでは、楽しい国語の学習を作ることができません。

説明文の面白さは、論理的な筋道の読み取りにあります。そしてその過程で分からないことが分かったという知的な感動が得られます。さらに、作者の工夫や考え方をつかむという面白さも大切です。その作者の考えに対して自分の考えをぶつけるのが、今問題になっている「ＰＩＳＡ型の読解」というものです。

それから、題材についての子どもの先行知識というものについて考えましょう。一般的に、低学年の子どもたちは先行知識のある子どものほうが読み取りやすいのです。ですから、題材に対してどんな先行知識を持っているのだろうかということを考えなければなりません。

一方、高学年になればなるほど、題材は子どもの体験から離れたものが増えてきます。環境をテーマにしていても、子どもたちからは距離がありますね。しかし、高学年になればなるほど、先行知識のあるなしは読み取りに対して影響が少なくなっていくのです。「知らなくても読める」わけです。ですから、先行知識について深く実態を考える必要はありません。

●数字をしっかりと読み取りましょう

子どもは書いてあることをさらっと読んで、分かったような気になります。プロ教師は、教材研究の段階で子どもが読み落としそうなところをしっかりと抑えておくべきでしょう。

案外見落としがちなのが、数字を読み取るということです。

例えば、「またとない天敵」（五年）という教材がありました。ヒキガエルがミミズを食べる様子が見えなかったので「毎秒六千コマの高速度カメラを使って」見たという記述がありました。子どもたちは「ふうん。速いんだね」という程度の読み取りしかできませんでした。ここで、「毎秒六千コマ」とはどういうことなのかを具体的に考えさせました。一秒間に六千枚の写真を撮るということに気づいたとき、子どもたちは改めて「えー、すごいねえ」という感嘆の声をあげたのです。カメラのすごさに気づいたとき、それでしか分からないほど速いヒキガエルのすばやさにも感心していったのです。

文章中の数字というものは、正しい読み取りにも深く関連しています。「コンクリート三面張りの川」「根っこが一メートルも」というような数字の意味するところを教師自身がしっかりとらえておきましょう。

●段落の要点をまとめてみましょう

説明文では、段落の要点まとめをよくします。自分で全部できるかやってみるべきです。指導書にまとめてある要点に頼らず、自分でやってみるからこそ、子どもにどこまでさせるべきかということが見えてきます。自分のまとめた要点と指導書の要点とをつきあわせてみると、また、新しく見えてくることがあります。指導書がいつも正しいとは限らないし、要点はまとめ方によって少しずつ違ってくるのです。

また、本来、例をあげている段落の要点は、まとめられません。何かを説明するための例なのですから。

そんなことも考えながら、実際にまとめてみましょう。自分のできないことは、子どもにも求められません。

要点のまとめ方については、重要語句を取り出してまとめるというやり方が良いでしょう。二十年以上かけて、このやり方に取り組んできました。段落から重要語句だと思わせる言葉を四つか五つ取り出して、それを組み合わせてまとめることで、要点はまとめられます。重要語句を取り出すという活動は、実は、読み取りそのものなのです。段落の内容がつかめないと、重要語句は取り出せません。同時に教材の深い読み取りもできるということです。

●段落構成を考えるということ

段落構成図というものがありますね。テストにも時々出てきます。どうしてそういう構成になるのか、根拠のはっきりしているものもありますが、分かりにくいものもあります。ともかく段落構成図を書いてみましょう。そして、どうしてこの段落とその段落でひとまとまりになるのかという根拠を書き出しましょう。

根拠のはっきりしないものは、教えようがありません。子どもたちのレベルで理解できることだけを指導するべきだと思います。

●書かれた内容が複雑なときは、図に描いてみること

説明文の教材研究の手法の一つとして、書いてある内容を図に表してみるという方法があります。ここでも、楽しんでやってみればいいのです。教師の中には絵や図を描くのが得意な人もいます。大いに自分の特性を生かしましょう。図に表すことができれば、内容はよく分かっていると言えます。ただし、本文に書いてあること以外のことは書きません。行間に書かれていることを読み取って書き表すことはあっていいと思いますが、できるだけ文章に即して図に描いていくのが良いでしょう。

これを授業にそのまま持ち込むこともできます。教材研究を通して、指導法が自ずから生まれてくることもあるのです。

授業では、子どもたちと一緒に言葉の一つ一つを図に表していくのです。子どもにとっても楽しい説明文の学習となります。

⑦　目標から、教材を俯瞰すること

●めあてをいつも頭に置いて

年度の初めに、少なくとも指導要領の学年のめあてと内容だけは読んで、自分の教材研究ノートの最初のページに書いておくべきです。そして、一年間、このことを頭に置いて、教材研究していくべきだと考えています。できれば、前後の学年のめあてと比較しておくのが良いでしょう。そうすれば、今の子どもたちに最低どんな力をつけるべきなのか、ということが分かります。

こうしためあてを頭に置かないで教材研究すると、学年以上のレベルのことを、つい、指導しようとしてしまいます。一生懸命教材研究する教師が、ときどき陥ってしまう落とし穴です。レベルの高いことをあえてすることも必要ですが、学年でつける力を全員の子どもに保証することが、われわれの最低の目標ですから、いつも気をつけておきたいですね。

教師自身のめあても書いておきましょう。これは学級の実態、学年の様子などから生まれるものです。教師として今年度にやりたいこと、例えば「今年は聞く力をつける指導に力を入れる」とか「今年は説明文の指導に力を入れたい」とか考えて、書いておくと良いでしょう。

いつも単元の教材研究をするときには、さっとこれらのめあてを読み返します。すると、教材文

2010年度　3年生　めあて

多賀　一郎

■　国語の楽しさを味わわせたい
…これからの学習の礎となるものを。
■　挨拶指導を国語の時間に取り入れる
…生活指導と結びつけて。
■　「聞く」力をしっかりとつける
…生活指導と結びつけて。
■　作文指導は，二本立て
…日常の日記と詩で，心を育てる。
論理的思考力を育てる。【PISA 型に対応】
■　漢字ビンゴ　次の日には，ミニテスト【二年の復習】
…進出漢字が全部終わるまでは，三年の漢字テストは単元テストごとくらいのペースで実施。
■　「力をつけよう」
…長文を音読する。
たくさんの活字に慣れる。
頭の中に言葉のモデルを作る。
■　授業は，音読でスタート
…体温を上げて，脳を活性化させる。
新指導要領に対応し，文語や古典を通して美しい日本語に触れさせる詩を。
「なかま」【音読集】のタイトル通り，友情や仲間を考えさせる詩を。
言葉を声にする楽しさを感じられる詩を。

などの位置づけがよく分かるのです。

※　前頁に二〇一〇年度に立てた指導要領以外の「めあて」を参考までに載せておきます。

●単元ごとに教師のめあても考えて

単元ごとの教師のめあてというものもあります。これは、学級の特性と教師の教育観から生まれるものです。例えば、「どうもうちのクラスは音読の苦手な子どもたちが多いから、この教材で徹底して音読練習させたい」とか、「『わらぐつの中の神様』を通して、誠実な心の大切さに気付いてほしい」とかですね。

●一時間の授業の考え方

教材研究を充実させたとき、教師はどうしても教材研究したことを全て教えたくなってしまいます。その結果、めあてのたくさんある、てんこ盛りの授業になってしまいます。これは、焼きめしの上にカレーと酢豚と刺身をのせて食べるようなもので、一つ一つはおいしい素材であっても、そのおいしさが味わえなくなってしまうのですね。

教えることは絞るべきです。全部指導することは、教材研究が生かされることではありません。

そのときに大事になってくるのが、単元ごとに決めためあてなのですね。

極端に言えば、「この時間は音読だけですらすら全員が読めるようになること」だとか、「今日は自分の考えが二百字程度にまとめられること」だとかいうめあてが立っていたら、その時間は誰も発言しなくてもかまわないし、言葉の意味は全く教えなくても良いというわけです。

たとえその時間には教材研究したことが役に立たなかったとしても、教材研究を通して教師の力は徐々についていきます。今使わなかったことは、将来の教師の力として必ず生きてくるのです。

第Ⅱ章

子どもの心をゆさぶる発問と板書の基本

―伝わるための伝える方法―

研究授業を指導するとき、いつも先生方に話すのは、「学習指導案ができても、授業が作られたわけではありません」ということです。実際、研究授業を見ていると、指導案はけっこう良くできているのに、本時の授業はもう一つだというときがあります。これは、発問と板書が練られていないことが一つの原因です。

指導の手順だけ考えて授業に臨むと、発問はいい加減になります。すると、子どもたちが発問の意図を理解できなくなるので、授業が止まります。そうしたら、教師はあせって言い直すことになります。前の発問を消化しきれないままの子どもたちは、言い直しの発問を聞いて、また分からなくなっていきます。それを見て教師は、また不安になって言い換えます。悪循環に陥っていくわけです。そんな経験をしたことはありませんか。

前もって発問をしっかりと考えないと、実際の授業は動かないのです。

では、発問を作っていく道すじは、どのように考えていけばよいのでしょうか。

① 発問こそが授業だ

僕は、発問こそが授業そのものだと思っています。発問一つで、子どもはどの方向にも動いていきます。授業の失敗は、発問の失敗にほかなりません。

その発問の基本を考えてみましょう。

●子どもを考えて発問を作ること

授業の主体は学習者である子どもたちです。子どもを励まし、子どもの可能性を引き出し、「意欲」を喚起するにはどうすればよいか、そんなことを考えながら、発問を考えていますか。

子どもを考えて発問を作るということが、第一の基本です。

「子どもを考えて」ということは、言葉の上では簡単に言えますが、実際には、これほど難しいことはありません。

まず絶対に考えるべきことは、学年のレベルです。三年生には三年生の、五年生には五年生の語彙があります。「そんなの当たり前だ」と言われそうですが、授業を参観していて、教師が発問した言葉の難しさに驚くことはよくあります。

特に一年生には、きっちりと言葉を使わないと伝わりません。

こんなことがありました。算数の時間に

「算数セットを出してください。」

と言ったら、

「算数セットってなあに？」

と聞くので

「君たちの机の横にぶら下げている箱だよ。」

と言いました。そうしたら、子どもたちは、

「えっ、これは算数ランドだよ。」

と言ったのです。

一年生は、算数セットが算数ランドと同じものだとは分かりませんし、融通をきかせて代わりのものを考えるというようなことは、してくれません。

このように、一年生は、言った通りをそのまま受け取ります。「先生の言いたいのは、このことかな」と、教師の意図を推測しないのがふつうです。

しかし、六年生ぐらいになると、教師の発問の意図を推測するようになります。学級づくりがある程度うまくいって教師と子どもたちとの関係が良いときには、いいかげんな発問をしていても、子どもたちが考えてくれて、なんとかめあてに近づいていけます。しかし、そんなことに頼っていたのでは、本当に子どもを育てられる教師にはなれません。子どもが動き出せる的確な発問を考えていくべきなのです。

子どもを考えた発問とは、子どもたちに応じた言葉の使い方を考えた発問のことです。そして、自分の発問に対する子どもの反応を

「山田君だったら、こういうだろうなあ。」

「山本さんはきっとこのことに答えて来るに違いない。」

「山野君に分かってもらえるには、なんて言えばいいんだろうか。」

などと考えながら、授業を組み立てることです。

●発問は、計画的であること

当たり前ですが、思いつきの発問で子どもが育つことはありません。発問は充分に練られたものであるべきです。

ノートに、発問を順番に書いて授業に臨んでいますか。

そうしないと、そのときの感覚で発問してしまいます。ノートに書いた練られた発問をすると、子どもたちの反応によって、その発問が良かったか悪かったかがはっきりします。次の発問を考えるときにも、生かされることになります。

具体例をあげましょう。坂村真民さんの「なにかわたしにでもできることはないか」という詩で、六年生に僕が用意した発問を示します。この詩は、難病の全身関節炎で寝たきりだった清家直子さんという方のことを書いたもので、「なにかわたしにでもできることはないか」と、清家さんが「ある日」思ったところから、点字本をたくさん書くという業績にまで至る中で、彼女自身の病気も変わっていくという、心を強く揺さぶられる詩です。発問を追いかけていくと、授業の流れが分かると思います。なお、Tは僕の発問、Cは予想される児童の声です。

■ 指導計画【全一時間】

① タイトルを書く…ノートに書写する。

「なにかわたしにでもできることはないか」

② T このタイトルから、どんなことを感じましたか。

・「わたしに……」ではなく「わたしにでも……」という言い方の違いに目を向けさせて、考えさせたい。

T では、この「わたし」は、どんな人だと思いますか。

C **遠慮している**　C **控えめだ**　C **弱い感じがする**

C **気が弱い**　C **おとなしい**　C **遠慮する**

・ここでは、わたしの性格や境遇を、タイトルから自由に想像させたい。

（どうして控えめになったのだろう。なぜ遠慮しているのだろう。ということも考えさせたい。）

③ 詩を配って読む…一回目、黙読。二回目、各自の速さで音読。

④ T 清家直子さんは、「ある日」、考えたのですね。その「ある日」までの清家直子さんが、どんな状態であったかが分かるのは、第何連でしょうか。…二連。

⑤ 二連を音読。

二連を一行ずつ書いて考える。

・「全身関節炎」…T　この字から、どんな病気か想像してみましょう。どんな感じかな。

・「十年以上ねたきり」…T　想像できますか。清家さんって、いくつぐらいでしょうか。

（はっきりした年齢は分からないが、お母さんに頭を洗ってもらっていることや、考え方の大人性などから、一〇代の後半くらいかなと想像させたい。）

・「医者からも見放され」…T　「見放される」というのは、どういうことですか。

C　**治療してもらえない**　C　**あきらめられた**

・「自分も自分を見捨てていた」…T　悲しい言葉です。清家さんのそのときの気持ちを想像できますか。清家さんのそのときの気持ちを考えながら、音読しましょう。

⑥　T　そして、清家さんは、「ふと、そう考えた」。どう考えたのかな。

C　「なにかわたしにでもできることはないか」

⑦　清家さんの変化と、変えたのは何かを読み取る。

T　清家直子さんは、どうしたの。…点字をしようとした。

T　最初からすぐにできましたか。無理でしたね。そのときの様子が四連に書いてあります。いっしょに読んでみましょう。

T　どのくらいの時間がかかったでしょうね。どう思いますか。

なぜそんなにがんばることができたのでしょうか。

（「人の役に立つということが、自分の力になる」ということだろうが、ここで答えが出なくても、保留にしておく。）

⑧　T　清家さん自身にも変化が起こっていきますね。それが書いてあるのは、何連ですか。…

四連。

⑨　四連を音読する。

⑩　T　なぜ清家さんは、そんなふうに変わっていったのでしょうか。十年以上も寝たきりだったのに……。ノートに清家さんが変わっていった理由を考えて書きましょう。

C　**人のために働くことでパワーが出てくる。**

C　**自分にも何かできるということが喜びになる。**

●発問と指示の違いをはっきりさせる

発問と指示は違います。そこははっきり使い分けないといけません。指示とは、次の三つのようなことです。

・「タイトルを書く…ノートに書写する。」「詩を読む…黙読。各自の速さで音読。」のように、学習活動を指示するもの。

・「二連を一行ずつ書いて考える。」など、学習の対象を明確にするもの。

・「初めに教科書の二場面を音読します。次に、○○さんの想像しているところに―線を引きながら黙って読みましょう。その後、―線を引いたところについて思ったことを書き込みましょう。」というような学習の手順を説明するもの。

この違いを区別して考えていきましょう。

指示を出すときに注意してほしいのは、命令ではないということです。僕の考えでは、三流の教師ほど、子どもに偉そうなものの言い方をします。ていねいな言い方で、教師がばかにされるということは、決してありません。命令口調では、授業のムードを作れません。

②　こんな発問は××だあ！

自分の発問を振り返ってみましょう。子どもを混乱させ、学習を停滞させる発問があります。例えば、次のような発問をしていませんか。

●抽象的な発問

発問はできるだけ具体的なものが良いのです。ところが、教師はときどき子どもに、こんな抽象的な発問をしてしまうことがあります。

「昨日は『ごんぎつね』の学習をしました。昨日学習をしたことを言ってください。」

これでは、何を答えてよいのか、分かりません。

「昨日は『ごんぎつね』の一場面の学習をしました。ごんは、どんなきつねでしたか。文中の表現から、どんな人物だと書かれていたかを思い出してみましょう。」

というように、具体的な発問にするべきだと思います。

●子どもにとって難しい発問

考える範囲を限定してあげないと、子どもには難しいときがあります。短い文章ならば良いかも知れませんが、一時間の授業が効率よく行われるためにも、範囲は指定していくべきです。

「五ページの始めから九ページの終わりまでで、考えましょう。」

という一言を添えるだけで子どもが活動しやすくなります。

また、教師の考えもよらないことが子どもたちには難しい、ということがあります。発問は、全ての子どもたちにとって分かりやすいものであるべきです。

例えば、低学年では本文に―線を引くという活動そのものが難しいものです。簡単に「―線を引きましょう」と言うだけでは、学習技術の未熟な子どもたちには少し負担になります。子どもたちに「―線を引きなさい」と発問したときに、ページのほとんど全部に―線を引くのを見たことはありませんか。全部ではなくても、何行にもわたって―線を引くことぐらいは、見たことがあるでしょう。これは、―線を引くという行為が、どの程度のことを要求されているのか、分からないためです。

「―線を引くときはね、たくさん引くんじゃないんですよ。『。』から『。』まで（句点から句点まで）の間で引きましょうね。」

まずは、このような言い方で、範囲を絞り込んで考えることを教えましょう。

●繰り返し発問

「このお話に登場した人物は誰ですか。どんな人物ですか。人物の名前は何ですか。」

こんな同じ中身の発問をいろいろな言い方でしていませんか。こういう教師は、計画的発問をノートに書いていない場合が多いし、子どもが考えている間の沈黙に耐えられなくなって、矢継ぎ早に発問を出してしまうようです。

だいたい、教師は一分間も待てません。

若い先生がどうしても待てないというので、

「ストップウォッチを持って、三分なら三分待つと宣言して計りながらしなさい。」

と、教えましたが、本当は、子どもたちの様子をよく見て時間を取ることが大切です。

そして、発問を言い換えると、ろくなことはありません。一つの発問で子どもたちになんとか分からせるようにしたいものです。

●付け足し発問

「今日は作文の勉強をします。今まで書いた作文を思い出してください。一カ月前に作文を書きましたね。また、二カ月前にも作文を書きました。皆さんが書いた作文を読むと組み立ての仕方を工夫していない作文が多く……」というのも、ときどきやってしまいます。自分の発問をきちんと記録してみると、本当におかしなことを言っている場合が多いのです。よけいな付け足しをすることで、子どもたちは混乱してしまうのです。

●つぶやきのような発問

「あと十分しか時間がないんだけど。」

「なぜ、こんなことができないんだろう。」

「えー？」

「ちょっと間違ったことを言ってしまったかもしれない。」

というようなこと、やっていませんか。これは厳密には発問ではありません。しかし、子どもは聞いています。ふだん話を聞いてくれなくても、こういうことだけは、しっかりと聞いているのです。そして教師の言葉にあせったり、否定されたと感じたり、「この先生、だいじょうぶなのかな」と不安になったりします。

よけいなつぶやきも、子どもにとって大迷惑なものです。

③ 発問は前から後ろからサイドから

発問は、固定化しないほうが良いと思います。いつも真正面からの問いかけだと、授業が平板になります。

「どうしてですか。」

「なぜですか。」

「どういう意味ですか。」

こういう発問ばかりしていると、授業はつまらなくなってくるのです。

具体的な授業で語りましょう。今から三十年前、ある研究会で提案された先生の発問の投げかけ方が、心に残りました、以来、六回担任した一年生で、必ずその発問の投げかけをまねしてきました。そのときの子どもたちの動きが大好きで、

「こういう発問の出し方が大切だ。」

と、他の授業にも活かしてきたように思います。

「たぬきの糸車」の一場面です。わなにかかったたぬきを助けたおかみさんに、たぬきが恩返しするという話です。冬になってきこりのふうふが山を下りていったという一文を板書した後、少し間を開けて、春になってきこりのふうふがもどってきたという一文を書きます。

子どもたちにその二つの文章を音読させると、行間が開いていても、子どもたちは間《ま》をとらずに読みます。そのとき、こういう発問をします。文と文との間を指さしながら、「先生は、このときのたぬきが大好きだなあ」と言うのです。

一年生の子どもたちは、そのとき必ず、こう言います。

「えー。そんなとこにたぬきなんかいないよ。先生、何言ってるの?」

「おかしいよ。何も書いてないよ。」

わいわい言っている子どもたちに、僕は言うのです。

「君たちには、見えないのかな。先生には（行間を指さしながら）この間にたぬきがうれしそうにしているのが、頭に浮かんできますよ。ねえ、きこりのふうふが山に帰ってきたときに、何を見つけましたか？」

「糸がたくさんつんであったよ。あっ、そうか。」

このあたりで何人かの子どもたちが気付いてきます。口々に、冬の間にきこりのふうふのいない小屋で、たぬきがうれしそうに糸車を回している様子を話し始めます。

その発言を取り上げて、例の文と文との行間に赤い色で板書していきます。

そして、子どもたちに
「この赤いところは、書いていないところだか

ゆきがふりはじめると
きこりのふうふは村へ下りて
いきました。
はるになって、また
きこりのふうふは、山おくの
こやにもどってきました。

ら、頭の中で読むんですよ。」

と言って音読させると、きっちり子どもたちは間を開けて音読します、一年生でも。

一言で子どもたちが動き出す発問というものが、あるものなのですね。

●発問こそ、指導計画

授業は全て発問で始まります。たとえ子どもたちが自分たちで学習を進める活動であったとしても、教師の計画した発問から始まるのです。

だからこそ、主発問を練ることが大切です。主発問は、一つの授業で四つか五つだと考えましょう。前に書いたように、指示と発問は違いますから、子どもたちが活動するための発問は、たくさんいりません。その四つ、五つの発問を練って練って授業を作りましょう。（主発問を補助する発問は、別です。補助発問は、主発問が決まれば、自然と出てくるものです。）

「この活動をさせるために、どう言えばいいのだろうか。」

そう考えながら、発問を練るのです。

練りに練った発問だからこそ、簡単に言い直したりしないようになるものです。

④　発問を支える教師の話し方

授業は発問で成り立っていますが、その発問を支えるのが教師の話し方です。教師が自分の話し方を鍛えておかなければ、発問は空振りになるときがあります。これは、授業というものが教師の話し方一つで大きく変わるものだからです。

発問を生かせる教師の話し方について、述べていきましょう。

●子どもたちに油断させない

何かの指示をするときに一言添えるだけで、子どもたちは教師の言葉に注意を傾けるようになります。

「はい、次は男の子だけが読んでください。」

とか、低学年だと、

「やる気のある子どもだけが読みましょう。」

とか、何か一言付け加えて指示をするようにすると、子どもはちょっと気をつけて先生の話を聞こうとします。

●話すことに、いつも何かを期待させる

子どもたちに言葉をかけているとき、子どもたちの目は、自分のほうを見ているでしょうか。聞こうとする目が輝いているでしょうか。

「この先生は、どうせまた当たり前のことを言うだろう。」

と子どもたちは思うと、まともに聞くようにはなりません。

「この先生が何か言い出すと、ちょっと違うぞ。」

「今度は何を言い出すんだろう。」

という話し方や内容も工夫したいものです。

●注意は一つに絞る

教師というものは話し好きで、たくさんしゃべりたがります。ほんと、子どもにとってはいい迷惑です。

遠足の諸注意なども、三つも四つも話す教師がいます。そんな、四つものことを覚えておいていつも考えるなんて、できるわけないのに……。

そういうのは、一応話したというだけで、教師の自己満足です。

たくさんのことを話さないようにしようということを意識してはいても、三つくらいはすぐに言ってしまいます。話すときは多くても二つ。そう決めておくと、言いたいことを絞り込む癖もついて、さらに話す内容の質が高くなります。

●よくやってしまうオウム返し

オウム返しはいけないと、よく言われます。それは、友だちの話を聞かなくても先生が言い直してくれると、子どもたちが思うからです。どんなに適当に聞いていても、必ず教師が言い直してくれるのならば、友だちの発言を一生懸命に聞く必要はありません。

つまり、オウム返しは、クラスの仲間意識を育てないということなのです。

僕は、子どもたちに言います。

「先生は君たちの言ったことを言い直さないようにするから、おたがいによく聞き合ってください。」

これを実行するのはなかなか至難のわざですが、国語教室として子どもたちを育てるのには、がんばらないといけない大切なところだと思っています。

聞こえないような小さな声で話したときは、

「もう一度、聞こえるように言い直してほしい。」

と、他の子どもが伝えればいいのです。その方がクラスの仲間を大事にしていることだと思うのです。もちろん、言い方は考えさせなければ、その子に対する攻撃になってしまいますが。

●緩急、強弱をつける

これができないと、教師の話はただのBGMになってしまいます。

いつも同じリズム、同じトーンで話していると、子どもたちはだんだん教師の語りを聞き流すようになっていきます。ポイントとなるところでは、声の調子を変えたり、大きな声と小さな声とを組み合わせて使ったりすると良いでしょう。

教師は、ある意味では俳優でもあります。話の緩急、強弱、間などを練習して使えるようにしたいものです。

僕はそういう演出が苦手なタイプの教師でした。今の僕を知っている人には想像もできないでしょうが、若い頃は、それでずいぶん苦労しました。今でも自信はありませんが、演劇を観たり朗読の練習をしたりして、自分なりには少しずつレベルをあげてきました。落語を聞くだけでも、かなりそういう勉強になると思います。

●適度な量と時間を考える

教師は、話し始めるとしばらくの間、話し続けてしまうという傾向があります。自分に酔ってしまうのかも知れません。でも、話し続けられると、聞き手の子どもたちのほうは、聞き続けていられないものです。

必要な話ならば、子どもたちは長くても聞いてくれます。子どもにとって必要な話を、適度な時間で話せるように心がけたいものです。

●アドバイスを活用すること

教師が授業中話していることは、教壇から話しかけることだけではありません。前述のつぶやきもそうだし、机間巡視のときに子ども個々にするアドバイスもうまく活かしていきましょう。

①「この解き方を参考にするといいね」「ここの部分を読んで考えてごらん」などの学習の仕方やヒントになるようなもの。

②「—線を引くときは、もう少し短くして」「この部分の読み方が違うんじゃないのかな」など、間違いやつまずきに気付かせるもの。

③「よくできました。もうひとがんばりです」「このことに気付いたのはとてもよいことです」「なかなかいい考えをしているね」など、子どもたちを励まし、勇気づけるもの。

こういうアドバイスは、授業前に用意しておくべきです。③は、前もって考えにくいですが……。）机間巡視のときのアドバイスを計画的に考えておけば、漠然と子どもたちの周りを回ることもなく、的確に多くの子どもたちを同じ方向へ向かわせることができます。

●今の子どもに合った話し方を

今時の子どもと少し前の子どもたちとは、聞き方が全然違います。そこは意識しないといけないと、最近、特に思います。

子どもたちを取り囲むテレビのＣＭやドラマをよく聞いていると、とても話すテンポが速いと思いませんか。ＣＭなどは、あの短い時間の中で、一つのドラマのような世界を展開します。落ちもあります。これを日々、多くの子どもたちが見ているのです。子どもたちはそのスピードについていく訓練を、知らず知らずのうちに受けているような気がします。

いつの時代にも、その時代に合った話し方があるものです。例えば、今、平安言葉調で語る人はいないでしょう。明治や大正の語りとも違うはず

です。やはり、語りは今風でないといけないのではないでしょうか。

ちょっと早口のほうが今の子どもにはかえってわかりやすいときがある、ということを我々は頭に置いておかないと、子どもは、先生の話し口調だけで退屈してしまいかねません。僕が若い頃は、常にゆっくりと話せと先輩たちに言われました。そのことを心がけてきましたが、どうも、あんまりゆっくり話していると今時の子どもたちが離れていくような気がしています。中堅の先生たちの中にも、僕のこの意見に賛成の人が増えてきています。

もちろん、前に書いたように緩急をつけなければいけませんが、けっこう速いテンポも必要なのだと考えておきましょう。

●ふだんから子どもを引きつける話を

優れた発問も、子どもたちが聞こうとしてくれなければ、生きて働きません。子どもを引きつける話というものを、ふだんから心がけましょう。そのポイントは、次のようなことです。前述のことと重複するかも知れませんが、もう一度まとめ直します。

①　たくさんのことを話さない。

前述の通り。前もって

「今から二つだけ話しますから、聞いてください。」

というふうに、話す項目の数を子どもたちに伝えておくという方法も、子どもたちを集中させられる手だてになります。

② 子どもの予想を裏切る。

子どもたちに「どうせこんな話だ」と思わせないことです。予想を裏切られたとき、人は「あれっ？ おかしいな」と、頭が動き出します。

難しいことではありません。例えば僕は、子どもたちを褒めたいときに、わざと気難しい顔をして教室に入り、「座れ！」と大きな声（ふだんはしないこと）を出すときがあります。

子どもたちは、しんとして緊張します。そこで、表情を崩して褒めると、一気に子どもたちがやわらかくなります。つまらない演出だと思わないように。ふつうに褒めるよりも、ずっと効果的なのです。

③ 話の頭を考える。

似たようなことですが、いつも話を切り出すときの最初の一言を工夫しましょう。ふだんから、「今日の朝の会では、どういう話から切り出そうか。」

などと考える癖がついていると、ときどき、良い話の頭ができるようになります。楽しむことです、子どもとのやりとりを。

▼今日は、先生はすっごく気持ちがいいんだ。何でかというとね……。

▼昨日の朝と今朝の、このクラスの違いが分かるかな。

▼いいもの持ってるんだけど、見たい？

▼一つ、お願いがあるんだけど。

▼　ちょっとみんなで声を出そうか。
▼　一句浮かんだから、聞いてほしい。「今日つくえ　なんできれいに　並んでる」
僕は、このような頭に引き続いて、クラスで伝えたい話を始めています。

④　たとえ話が効果的。

たとえ話というものは、生々しくないので、子どもたちが傷つきにくく、自分たちを振り返りやすいものになります。子どもに説教するなら、気の利いたたとえ話の一つや二つ、用意したいですね。

耳の痛い話をするときによく使うのが、「母親の耳をかじったどろぼう」の話です。

「さんざん悪いことをして絞首台に送られる泥棒が、町の人々の間を縛られて歩かされているとき、突然一人の老婆が泣きながら泥棒にだきついてきました。人々が『ああ、お母さんだな。あんな悪いやつでも、親の心は一緒だな』と思ったとき、泥棒は突然母親の耳にかじりついて、かみ切ってしまいました。人々が『なんてひどい男だ。おまえには親への愛情はないのか』と言うと、男は『うちの母親は、私が小さい頃に人のものを盗んできても、注意一つしませんでした。それで、私はどんどん悪いことを重ねて、ついにこのようなことになってしまったのです。あのとき、母親が一言しかってくれていたら……』と泣きました。」

この話をしておいてから、

「先生は君たちに耳の痛いことも言うよ。」

と切り出すと、よく聞いてくれますね。

⑤ KY発問は、大失敗

子どもたちが聞く姿勢を整えないのに発問するのが、KY発問です。場を読めない芸人と教師は大成しません。発問は、「ここだっ」と言うときにします。そのタイミングも含めて「発問を考える」ということなのです。

では、具体的には、どんなときにKY発問になるのでしょうか。

例えば、子どもたちの多くがまだ最初の発問について考えている最中なのに、次の発問をするようなときです。

子どもたちに何か考えさせる発問をした後、待てない教師がいます。あわてて次の発問を出してしまうのです。子どもにしたら、「まだ考えているとちゅうなのに……」という感じになりますね。

そうならないためには、子どもたちに考えたことを書かせることです。そうしたら、ノートを見れ

ば、子どもたちがどの程度考えているのかは、一目瞭然です。簡単なことなのに、案外、していない教師がいるのには驚きます。

また、子どもたちとの関係ができていれば、聞けばいいのです。

「そろそろたずねてもいいかな。」

というように。必ず、

「ちょっと待ってよ、先生。」

とか、

「あとちょっとだけ待ってね。」

などという答えが返ってきます。これは、教師のペースでなく、子どものペースで進む授業だとも言えますね。

⑥　板書と発問はセットで考えよう

発問の話から教師の話し方へと発展してきましたが、もう一つ授業の大きな要素でありながら、適当で平板なものになりがちなのが、板書です。板書の工夫された授業は分かりやすい授業です。板書と発問は、いつもセットで考えていきましょう。

●動作化と板書

黒板（最近はボードの学校も増えてきましたが、それも含めて「黒板」という言葉にそろえま

す）は、書くためだけのものではありません。そこは、一つの舞台のようなものなのです。

ペープサートを使っての動作化で授業をした具体例を示しましょう。

三年生の説明文「ありの行列」という教材文で、学者がありの様子を観察するというところがありました。三年生では、叙述に即して正確に読み取るということが大切です。そこで、ペープサートを使って、叙述通り正確に読ませる学習過程を仕組みました。

その段落に出てくる全てのものについて、後ろに磁石の付いたペープサートを作りました。

たくさんのありたち・ひとつまみの砂糖・巣・大小いくつかの石・砂糖のつぶ
子どもの一人に黒板のところに来てもらって、他の子どもが一文ずつ音読するのに合わせて、ペープサートを操作していきます。子どもたちは、その操作を一緒に考えながら、正しい読み取りに近づいていくのです。（前頁写真参照）

Ｔ「『大きな石』って、どのくらいの大きさなんだろう。」

Ｃ「学者が置いて観察できる大きさだよ。」

Ｃ「その石だったら、小さすぎて、ありが簡単に乗り越えちゃうよ。」

Ｃ「行く手をさえぎるって書いてるから、ありの列の間に置かないと……。」

というように、石ひとつでも本文の言葉を吟味して、考えが具体的になっていきます。

Ｔ「『ちりぢりになる』って、ありがどうなるんだろうか。」

Ｃ「ありが全部同じ方を向いているのはおかしいよ。」

Ｃ「辞典を引いて『ちりぢり』を調べてみよう。」

Ｔ「『ようやく……見つけました。』と書いてありますね。『ようやく』って、どのくらいの時間なんだろうか。ペープサートを動かしてみてください。」

Ｃ「じいっとしてないんじゃないの。」

Ｃ「さがしているはずだよ。それで、やっと見つけるから『ようやく』だよ。」

三年生くらいまでの子どもたちは、具体物を通さないとなかなかわかりにくいものです。ここでは、文章を吟味していくためにペープサートという具体物を用いるのです。黒板は、シアターの画面のようなものですね。

●ノートとの連動も考えて

板書とノートとの連動ということが、よく言われます。板書と同じものが子どものノートに書かれるのがベストだ、と言う方もいらっしゃいます。考え方はいろいろありますが、やはりここでも教師なりの意図を持っておくべきでしょう。

① いつ書かせるのか。

先生が板書するときには、常にノートに書き写すという授業形態もあります。先生は子どもの書く速さに合わせて、子どもたちから見えやすいように身体を動かして、板書します。教師が書き終わったとき、子どもたちも書き終わる。本文の視写などには、有効です。

② なんのために何を写させるのか。

大切なのは、教師の意図です。板書をノートに写すことによって、子どもにいったいどんな力をつけようとしているのかを考えないでただ写させることに、意味なんかありません。

●電子黒板の活用

電子黒板というものが登場してきました。使えるものは、どんどん使っていきましょう。基本的な教材研究の考え方さえきちんと持っていれば、器材に振り回されることもありません。

「漢字ビンゴ」というもので、漢字を楽しみながら定着させていくということをしています。そのときに、漢字の熟語をランダムに提示するのですが、電子黒板を使えば、簡単です。ぱっ、ぱっと漢字が出て、瞬間的に言葉をつかむトレーニングになります。まじめな熟語ばかりではなくて、「針葉樹林」「広葉樹林」と来て、「上野樹里」などとギャグをはさんだり、「三木鼠」（ミッキーマウス）や「電気鼠」（ピカチュウ）なんていう言葉を入れて、楽しんで集中できる方法も考えられます。

フラッシュ型教材というもので、チエルというサイトでは、いろいろな教材を無料で提供してくれるので、僕も活用しています。

⑦　発言から授業を組み立てる

授業は生き物です。子どもたちの発言に止まってしまい、そのまま立ち往生したことはないでしょうか。発言をどのように授業に組み立てていくのかということは、料理で言う火加減さじ加減といっしょで、授業の質を決定的にしてしまいます。

では、発言のパターンをつかもうということから、考えていきましょう。

子どもの発言はさまざまで、パターン化することには異論もあるでしょう。でも、いくつかのパターンに発言を分けて考えると、それに対する手立てが考えられるのです。

●まず、つぶやき

子どものつぶやきをどうしていますか。

「必ず手を挙げて発表するように指導している」

という方もいらっしゃるでしょう。

しかし、固定化しないほうがいいというのが、僕の考え方です。

うちの小学校は教科担任制で、六年生を受け持つと二クラスの国語と社会を教えることになります。二組は担任していないクラスですが、僕が発問すると、全員手を挙げて発表します。それに対してわがクラスは、僕の発問に対して、ほとんどつぶやきで進行していきます。

子どもにはぼそっとしか言わない子どももいるのです。手を挙げて発表するというクラスのルールは大事だけど、つぶやきをとらえられないと、授業は動きません。

うちのクラスに絶対に手を挙げて発表はしないんだけど、知識が豊富で、「違うよ、それはこういうことなのに……」と、ぼそぼそ言う子どもがいます。「手を挙げて、改めて言ってごらん」と言ったら、怒ったように「もういい」なんて言います。

でも、この子は、子どもたちの視点を変えるようないいことをぼそっと言うんですね。

自信がなくて、小さな声でぼそっとしか言えない子どももいます。でも、こういう子どもが大きくみんなの考えを変えるすごいことをつぶやいたりすることがありました。

昔、六年生のあるクラスで国語の授業をしていたときのことです。

そのクラスには男女一人ずつ、有名私立校に行ったそれぞれ優秀な成績の子どもがいました。このクラスの子どもは、その二人が意見を言うと、「なるほど」と黙ってしまって、みんなその考えになびいてしまっていました。

そのときも、二人が真っ先に意見を言ってしまって、僕は「間違ってるのになあ」と思っていましたが、子どもたちは納得してしまったのです。

すると、一人のいつも個性的なことばかり言っている子が、ぼそぼそと正しい答えを言いました。それを受けてもう一人が「僕もそう思うけど……」と同調しました。

ところが、ほかの子どもたちは、「あほやなあ、こいつら何考えとんねん」みたいな感じで、その子たちを馬鹿にしたのです。

僕は「チャンス」だと思いましたね。あえて、「じゃあ、今言ったことが正しいと思う人。」と、手を挙げさせました。その二人と、もう一人、例の子どもの一人がさすがに気づいたのでしょう、意見を変えて手を挙げました。

一瞬「えー」という空気が流れました。

そこから、なぜこの考えが正しいかという授業へつなげて、もう一度子どもたちが自分で考え直すことができました。

先生が

「正しくは……なんだよ。」

と言っていただけでは、この場合、子どもたちの学びはなかったろうと思います。

そして、その後子どもたちに話したのは、「だれだれが言うから正しい、だれだれが言うから間違っているということはなくて、正しいかどうかを自分で考えていくことが大切だと分かったでしょう」ということです。

ところで、つぶやきはいいんだけど、雑音はいけません。授業のじゃまになります。

雑音とつぶやきは、紙一重の差なんですね。そこは見極めていかなければいけませんね。

●ピント外れの発言って何？

さて、子どもってときどきピント外れの発言をしますよね。でも、教師がそう感じたときに、子ども否定が始まっていると考えたほうがいいのです。子どもはいつでも何か意味があって発言しています。

「それは違うよ」

と思うのではなく、

「この子は何が言いたいんだろう」

とか、

「この子の間違いは何が原因なのかな」

というふうに考えると、ピント外れだと思っていた言葉が、授業で生きてくるものに変わってくるのです。

それとは逆に「よくできる子が、授業をつぶす」ということがあります。それはなぜかというと、すぐに正答が出てしまうからです。さっきのよくできる子どもにクラスが引っ張られている例の通りで、ほかの子が考えている間に正解を言ってしまうので、ほかの子どもたちの考える時間がなくなってしまうのです。

●「知ってるよ」は、本当か?

「知ってるよ」と言われると、やっぱりやる気はそがれます。みんなが分かってないことを一緒にスタートして考えるからやる気が出るものです。こういう言葉を発する子どもたちはクラスの意欲をそぐのです。

そして、自信のない子どもが沈黙してしまうことになって、クラスが沈滞します。クラスが思考を止める、というわけです。

では、どうしたらよいのか。

そこが教師の出番でしょう。

教師はどうも正解を待っているようなところがあります。それが間違いですね。子どもがどう考えたのかということが、一番大切なのですよね。

「はい、その答えを待っていました」とばかりにぱっと飛びつくのは、最悪です。なぜ子どもの答えが出尽くすのを待てないのでしょうか。

教師自身が「この答えがほしい」という気持ちを強く持っているからです。子どもたちは先生の表情をうかがって、先生の反応でよしあしを決めるようになります。これでは、授業が盛り上がらないのは当然です。

子どもの答えに飛びつかないことが、授業を組み立てていく上で必要です。

●授業の主役は子どもです

教師は、一般的にはディレクター、つまり、監督だと思っています。指示したり命令したりやり直しさせたりするわけです。

ドラマや映画で、役者が光らないと作品も光らないでしょう。監督は、画面には出てきません。たまにタランティーノやビートたけしみたいに画面に出てくる人もいますが……。

いずれにしても、監督が主役になることは、本来ありません。

これを忘れてしまう教師がときどきいます。主役である子どもたちが光らないと、授業の意味がないのに、教師自身が主役を演じてしまうのです。

自分は、画面に登場しない立場だ。そういう発想で子どもの発言を聞き取っていくことで、授業が組み立てられていくのです。

ちなみに、僕は、教師はプロデューサーだと思っています。だからこそ、教材研究して指導計画を立てる、プロデュースという段階を大切にしています。

ただし、誤解のないように言っておきますが、教師が主導してはいけないということでは、ありません。教師主導というのは、一つの立派な授業の形です。

●教師の出番は、よく考えて

決断の時期というものが、どんなときでも、あるものです。

教師は、「ここ」というところで、子どもの方向を大きく変えたり、指摘したりしなければならないのです。

ところが、これがまた、難しい。

話し合いを子ども任せにしてしまうと、伝家の宝刀をぬかないまま授業が進んでいき、収拾のつかなくなることがあります。

学習指導要領では、子どもの司会を立てて、話し合いを進めていくことを重要なポイントにあげています。それはそれでコミュニケーション能力の育成には、意味のあることだと思っています。

でも、ふだんの学習では、やはり、教師の出る場ということが大切になります。

どこでどうなったら自分が出て行くのか、ということをあらかじめ考えておいて授業を進めていくことです。

とは言っても、教師が出すぎると、黒子のように子どもをあやつることになってしまいます。また、その逆に、教師がオーディエンスになってしまうと、授業がコントロールできないでしょう。出番を考えるためにはある程度空気が読めないといけません。子どもたちがゆきづまっているのか、気付かずに違う方向にいっていないか、気分が沈滞していないか、などの空気を読むのです。

●分からない時間が必要

さらに、授業では簡単に子どもに分からせない工夫をするべきです。もちろん、よく分かる授業を工夫することは必要です。実際、そのために授業をやっているようなものです。

「あの先生の授業は分かりにくい」と言われたらショックですよね。

でも、いつも分かりやすいことがベストとは限らないのです。子どもをいったん分かりにくい状態に落とし込むことがないと、子どもたちは動き出さずに、ツバメの雛みたいに、口だけを開けてえさを待っているような状態になります。

どうすればそういう「分からない」状態が作れるのでしょうか。例えば、板書を発言の出てきた順番に淡々と書いていくこともひとつの方法です。

正しいことも、まったくおかしな答えも、子どもが発表した順番に書いていきます。低学年、中学年では、どんどん発表してきます。なんの否定もなく、全てを書いていくのです。何も考えずにひたすら板書を写している子どももいるでしょう。そのうちに、子どもたちはだんだん不安になってきて、

「先生、それ、どれが正しいの。」

なんて聞いてきます。

「知らないよ。」

って言ったら、

「えー、無責任や。」

「教えてよ。」

とか言います。

「じゃあ、先生が言ったら、それが正しい答えでいいんだな。」

と言って、絶対に違うと分かるものを正答だと言います。その辺から子どもたちも僕が言いたいことに気付いてくるので、

「考えるのは先生じゃない。君たちですよ。」

と言って、どれが良くてどれが違うのかを、理由を考えて発表するようにもって行きます。

また、机間巡視して、だいたいの子どもがどんなことを考えているかをつかむことで、授業は組み立てやすくなります。

机間巡視しながら、正解者の数を数えていくのです。全員の書いたことを確認してから、

「正解は三人だけ。」

などというと、けっこう盛り上がります。

僕は国語の授業中によく多数決を採ります。机間巡視していて、子どもの多数派が間違っていて、正しいのが少数派だと分かったときなどに、よく使います。手を挙げたら、当然多数決では間違ったほうが多くなりますよね。

そこで、

「では、多数決の結果、……に決まりました。」

なんて言うと、

「先生、それで本当にいいの？」

と言います。

「さあね。それを考えるのは君たちじゃないの。」

と言うと、いろいろと根拠をさがそうとし始めますね。

さて、具体的な例を通して、発問で組み立てる授業を示していきましょう。

……………………

3年　国語

◆単元名…詩を読もう。

「わたしと小鳥とすずと」金子みすゞ

◆単元目標…音読を工夫したり情景を想像したりして、詩の楽しさを味わう。

第1時…音読を通して、この詩の持つリズム感や言葉の響き合いを感じ、作者の思いを読み取る。

第2時…音数や詩のテーマをまねて、自分たちで詩を創作する。

◆本時（1／2時）の展開

・詩を手渡し、模造紙に書いた詩を黒板にはる。

「わたしと小鳥とすずと」金子みすゞ

わたしが両手を　ひろげても、
お空はちっとも　とべないが、
とべる小鳥は　わたしのように、
地面（じべた）をはやくは　走れない。

わたしがからだを　ゆすっても、

大きな音は　　でないけど、
あの鳴るすずは　　わたしのように、
たくさんな歌は　知らないよ。

すずと、小鳥と、それからわたし、
みんなちがって、みんないい。

T　この詩から何か感じとってみましょう。まず、先生が読みますから、聞いてください。
（範　読）
どんな感じがしましたか。後で、感じたことを「ひとこと」で発表してもらいます。どんな感じがするか、考えながら、音読しましょう。二回読みます。一回目は小さい声で。二回目は、立って、はっきりとした声で、読みましょう。どうぞ。
・子どもたちが読んでいる間に、黄色と白色の画用紙を黒板にはり出す。
T　では、どんな感じがしましたか。一言で言ってください。
・子どもを指名して発表を聞く。

・うなずきながら、画用紙に書いていく。…2枚の画用紙に種類分けして書くこと。
・黄色の画用紙に「やさしい」「あたたかい」「気持ちがいい」等、感じたイメージを。
・白画用紙に「リズムがある」「歌みたい」等、表現に関することを。

★ここで解説を入れます。

この授業のめあては、「音読を通して、この詩の持つリズム感や言葉の響き合いを感じ、作者の思いを読み取る」ということでした。

黄色の画用紙には、言葉の響きから感じることを書きました。白には、リズムを感じたことを書いています。子どもたちは、感じたことを自分たちで種類に分けることができません。自分はリズムを感じたのか、言葉のイメージで感じたのか、区別はできません。

それを黒板に色分けして目に見える形で示すことで、はっきり区別できるわけです。

また、教材研究の段階で、子どもがどんなことを言うか予想しておくことが大切です。当たり前のことですが、発問に対する答えの予想です。

また、こういうとき、必ず、「冷たい」とか、「静か」とかいう、想定外の「感じ」が出てきます。こんなときは、別の紙か、黒板にそのまま書きます。無視したらだめです。

「ああ、そんな感じ方もありだなあ」と言ったり、「これは、きょうは取り上げないが、金子みすゞさんの詩には、そういう感じが漂っているんだよねえ」などと、決して切り捨てないことが大切です。
授業にもどりましょう。

・黄色の画用紙を指さして
T　この感じは、詩のどこからうけたのですか。詩の中の言葉で言ってみてください。
・子どもたちは「みんなちがって　みんないい」を必ずあげてくるので、板書する。
T　やさしく気持ちよさそうにこの文を音読しましょう。
ここからは、なぜこの言葉が気持ちいいのか、やさしいのかを考えていきましょう。
T　詩のまとまりを「連」と言います。この詩はいくつの連からできていますか。…三連。
T　そうですね。三つの連からできています。では、第一連から考えていきましょう。
第一連を一緒に音読しましょう。
T　ここには、だれとだれがでてきますか。

・「わたし」と「小鳥」を縦に並べて板書する。（連ごとに対比されているものを考える。）

・わたし――小鳥

・とべない――とべる

・走れる――走れない

T　この連を二つに分けたら、どうなりますか。

その前のほうのまとまりでは、「わたし」のどんな気持ちが書いてありますか。

・「つまらない」・「うらやましい」・「できないよ」と、「わたし」の横に並べて書いていく。

T　では、後のほうのまとまりでは、どんな気持ちが書いてありますか。

・「うれしい」・「いいだろう」・「できるよ」と、「小鳥」の横に並べて書いていく。

★解説です。

三年生の子どもたちからは「いいこと――悪いこと」「うらやましい――うれしい」「できる――できない」などと、うまく対比された言葉なんて出てきません。それでよいのです。比べて考えることそのものに、三年生としては値打ちがあるのです。子どもたちから出なければ、教師が教えればよいのです。

学年としてどうかと考えておかないと、へんにレベルの高いことを要求して、かえって、なんの力もつきません。三年生の子どもなりの言い方でとらえればよいと考えています。で、これはなんのためにしているかと言うと、ものを対比していく考え方、見方を教えているのです。

これが、次の時間に自分たちで対比を使って詩を書いていくための下地になるのです。

T　二連も同じように考えていきましょう。

・「わたし」と「すず」について考える。

　・わたし――すず

　・音が出ない――音が出る

　・たくさん歌を知ってる――歌を知らない

T　この連を二つに分けたら、どうなりますか。

　その前のほうのまとまりでは、「わたし」のどんな気持ちが書いてありますか。

・「つまらない」・「うらやましい」・「いいなあ」と、「わたし」の横に並べて書いていく。

T　では、後のほうのまとまりでは、どんな気持ちが書いてありますか。

・「うれしい」・「いいだろう」・「できるよ」と、「すず」の横に並べて書いていく。

★解説
このあたりで、子どもたちからは、友だちの感じたことに対して、

「いばっている感じじゃない。」

とか
「『うらやましい』とも思ってないんじゃないの。」

とかいった言葉が出てくるときがあります。

本質をついた言葉ですね。

「いいねえ、その考え方」と言って、みんなにどう思うか聞けばいいのです。自然の流れが大事です。でも、どの感じ方も否定しません。

そのことが、「どんな感じ方をしてもみんなちがっていいんだよ」という詩の最後の表現につながります。

T　「みんなちがって……」に、金子みすゞさんはどんな気持ちをこめているのかな。
（できなくてもいいんだよ、というよびかけが、優しい感じを生んでいると理解させたい。）

◆この後、自分と何かを対比して、それぞれのよいところを書き出してから、音数をそろえた定型詩の形で表現させます。

作品を紹介しましょう。

「ぼくとパパとママと」

ぼくがお酒を飲もうとしても
お酒はちっとも飲めないが
飲めるパパはぼくのように
身軽には走れない

ぼくが料理をしようとしても
料理はちっともできないが
できるママはぼくのように
楽しくは遊べない

ぼくとパパと　それからママと
みんなちがって　みんないい

⑧　ノンバーバル・コミュニケーションの活用

ノンバーバルとは、「言葉を使わない」という意味です。これは言葉よりも大きな力を持つことがあります。

ノンバーバルは、ちょっと意識するだけで、かなり違ってくるものなのですよ。

顔の表情や動作、無表情も表情の工夫のひとつです。

手の動き。よく言うのは、指差しです。僕は、子どもに注意を与えるときは、指差しします。何か発言を求めるときは、手のひらを上に向けて差し出します、「どうぞ」という気持ちで。

立ち位置。これは、教師によって意見が分かれます。自分はどういう考えでこの場所に立つのかという考えがあればいいのです。

教師は役者でもあります。こんな言い方をすると、「自分は役者にはなれない」と、あきらめてしまう人もいるかも知れませんね。

ぼくも、若い頃、そうでした。でも、今は、けっこう役者になるときがあります。

少しずつ学んでいけばいいのです。学校というところは、いろいろな経験のできるところです。

まずは、笑顔。

教師は基本的に笑顔です。子どもの発言を導きだすには、笑顔が必要です。何を言っても笑顔であること。

うなずきというのは、けっこう難しいんですよ。なんでもうなずいてはいけません。また、正しい答えのときだけうなずくのは、どうかと思います。

僕は、子どもを励ますという一点で、うなずきます。

「いいぞ、いいぞ、がんばって話せ。間違ってもいいから。」

とか、

「自信を持って話してごらん。」

とかいう気持ちで、うなずきます。

答えが正しいかどうかは関係なしです。

逆に、あえて知らん顔をするときもあります。

先生の反応で子どもが正しいかどうかを判断しないためです。子どもたちは先生の一挙手一投足を注視しています。

簡単に答えがばれるような役者は大根役者ですね。

それに加えて、「動き」も大事です。例えば、子どもの声が聞こえにくいとき、低学年で、これからどんどん大きな声を出す練習の必要な子どもからは、わざと離れていきます。

「ここまで聞こえるように声を出そう。」

っていう感じで。

高学年の場合は、そんなことをしてはいけません。

思春期の子どもは大声なんて出せなくて当たり前です。近づいて聞いてあげればいいのです。

いつも教壇の同じ場所にいるのは、よくありません。

⑨　授業への姿勢

さて、授業の組み立てを壊すのは、いつも、教師自身だということを考えておかないといけません。子どものせいにする人がいますが、違います。

授業の形態を教師自身がきちんとつかんでおくこと。収束型の授業なのに子どもの発言にあわせてどんどん発展させて拡散型にしてしまったりすることがあります。これは、確固たる授業の流れに対する姿勢がないからです。

だからといって、杓子定規な硬い授業をしろというわけではありません。子どもの言ったことに、ユーモアでスムースに受け答えしていくことも、大事です。つまらない冗談も、ときには必要です。でも、ジョークには、ＴＰＯがあります。

苦手な人は、お笑い番組や落語を見聞きしましょう。知らないうちに、学んでいきます。

授業と学級経営は表裏一帯です。われわれは、授業をしながら、同時に学級づくりもしているのです。そのことは、決して忘れてはいけません。

まずは、目の前の子どもの姿からスタートです。子どものカルテを作りましょう。今はカルテと言わずに、ポートフォリオと言いますが、子どもの教育記録を、観察と子どもの言ったことを中心に書いておくことです。

子どもたち、クラスの雰囲気は、同じ学年でもぜんぜん違います。

一年生を六回も担任しました。六回とも、ぜんぜん違うクラスになりました。同じ僕が、まっさらな一年生、誰の手垢もついていない一年生を指導しても、全部違ったクラスになります。それは、子どもに合わせて学級経営をしていっているからです。ある程度自分のペースで指導してはいますが、肝心な部分は子ども中心なんですよね。子どもたちの考えを大切にすることが、僕の学級経営の基本ですから。

今、目の前にいる子どもたちをつかむことです。「つかむ」とはどうすることかというと、子どもの話をよく聞くということなんですね。「聞く」ことからしか、子どもはつかめません。

よく、「交流」という言葉が言われます。これは「コミュニケーション」の日本語訳でしょう。授業の中での話し合いを「交流」と呼んでいます。

その話し合いのきまりを決めている人もいます。

賛成のときは、「ぱあ」で手を挙げて、反対意見のときは「ぐう」で上げる。質問は「ちょき」という具合にです。

そういうのもありかな、とは思いますが、僕は、使いません。それを通して子どもに何の力をつけるのかが、もうひとつ納得できないからです。否定するわけではないんだけれど、そんなに簡単に反対や賛成って二つに色分けできることばかりじゃないんじゃないかなと思うんですね、学習課題って。

⑩　「深まる」ということ

最後に、「深まる」という話をしましょう。

国語の授業でよく使われる言葉です。

「きょうの授業は、××さんの発言で深まった。」

とか、

「こういうふうなところをもっと追求していけば、もっと読みが深まったんじゃないか。」

とかいうことが、研究授業をしたあとの研究会では、よく言われます。

「深まる」って、なんなのでしょうか。とてもいい加減な言葉だと思います。

「深まる」とは、自分の持っている概念が、正しい読みを通して、レベルアップすることです。子どもたちのどういう考えが授業の中でどう変わっていくのか。そこを教材研究の段階で、しっかりと考えておくことで、「深まる」授業が具体的に描けるのではないでしょうか。

第Ⅲ章

本を通して子どもを理解し、子どもの心をゆさぶる

1　子どもの心をゆさぶるとは、どういうことか

①　教育は目に見えないところに働きかけるもの
―「大切なものは目に見えないんだよ。」……『星の王子様』(サン・テグジュペリ作)より―

教育というものは、目に見えないところに働きかけるものです。目に見えていることしか教育できないのは、プロのすることではありません。子どもの心の中にどう働きかけるかが、教育では大事です。

僕はよく子どもたちに、

「本当に大切なものは、目に見えないのです。友情が目に見えますか。ほら、僕とこの子との間に今、友情が見えている、なんてことはないですね。

思いやり、というものを目にしたことがありますか。

優しさ、というものを見た人はいませんよね。つまり、目に見えないことがとても大事なのです。」

と、言います。

この「目に見えないこと」をどう伝えていくか、いつも考えています。

そのための大きなてだてとして、「本の力」を生かしていきましょう、というのが僕の主張です。

本の力はすなわち、言葉の力です。言葉によってゆさぶられるのは、心ですね。

木にどんとぶつかると、ばらばらと木の葉や虫が落ちてきます。同じように、心にどんとくるものがあると、心の中にたまっていたものが、ぱらぱらとこぼれ落ちてくることがあります。どんと心をゆさぶられると、自分の心の中にとじこめていた思いや、誰かに対する日頃は表に出せない本当の感情、そういうものが出てくるのです。それを教師が受け止めることができれば、見えないところへの教育の第一歩が生まれるのではないかと考えています。

② 本（言葉）が人を支えることがある

倉橋耀子さんの『いちご』という本があります。「青い鳥文庫（講談社）」です。そばかすがあるので、いちごとあだ名のついた女の子が主人公。いちごは学校へ行けなくなって、おばあちゃんたちの所へ避難してきます。祖父母のあたたかさと自然の力で立ち直ったいちごは、明るく前向きに生きていく、そんなお話です。

軽い読み物とバカにされる方もいらっしゃいます。

しかし、こんな軽い本でも、人を支える力があるのです。

病気のお兄ちゃんの治療のために、アメリカへ家族四人で渡った子どもが、僕のクラスにいました。お兄ちゃんも二年前に四年生で担任しました。

妹さんは、出かける前に、僕が教室に置いていた『いちご』を持ってきて
「先生、この本、向こうへ借りていっていい?」
と聞きました。
何か僕とのつながりをもっていたいんだなと思って、多賀マーク
(下図)のついた文庫本を渡しました。
一カ月後に、アメリカからお母さんがメールをくださいました。
一部を紹介します。

……正直、不安に押しつぶされそうになるときもあり、そんなとき娘のプリントにあった「なくした者にしか分らない大切なもの」を思い出します。

(これは、『飛鳥へ、そしてまだ見ぬ子へ』という本から僕が教材にしたプリントのことです。)

だから悲しむのではなく、今を大切に過ごさなければ……と思います。

今日、幹人が初めて大泣きしました。突然で、主人も私も驚いてどこか痛いのか何を聞いても泣きじゃくって……とても不安で神経性の発作だったみたいです。

呼吸がしにくくなったのでビニール袋を口にあて、しばらくして治まりました。

少し落ち着いてから聞いてみたのですが、自分でもよくわからないみたいです。

我が子ながらよく耐えているなと思っていたのですが、見えないストレスがきっとSOSを

出したのですね。

この先、まだまだ困難が続くと思いますが、とにかく一日、一日を大切に明るく過ごそうと思います。

いちごちゃんのように。

多賀先生、素敵な本を教えてくださって有難うございました。

子どもの本なのに涙が止まりませんでした。忘れていた大切なことを見つけた気がします。

今、私の中にいちごちゃんがいるんです。不安になったり、悪いように考えているとダメ、ダメ！　って声が聞こえます。（頭が変になったのではないですよ。）

幹人を信じて……ほら笑ってるでしょ……幸せなんだよ……だから大丈夫！

そんな声が聞こえるんです。だから明日を信じて頑張ります。


幹人くんは、悔しいことに、天国に行ってしまいましたが、このとき、確かに言葉が、物語が、お母さんや家族を支えていたのです。

2　なぜ本なのか　―本を読むことで育つもの―

「本を読みましょう」「読書は大切だ」という話はよく聞きます。本を読むことが大切だということを否定する人は、まずいないでしょう。

しかし、なぜ読書が大切なのか？　と言われると、さっと答えが出てくるでしょうか。国語の力がつくからでしょうか。読み取りの力がアップするからでしょうか。

本を読むということは、すばらしい決心です。どうすばらしいのかを少し話したいと思います。

①　本は、言葉の力を育てます

●言葉の数が増えます

本を読めば、知らない言葉がたくさん出てきます。いちいち意味を聞いたり調べたりしないで、子どもたちは、なんとなく意味を感じながら読んでいきます。はっきりと分からないけれど、それを繰り返していくうち、自然に言葉の数は増えていきます。

『つりばしゆらゆら』（もりやまみやこ作、あかね書房）という本があります。あかね幼年どうわ、です。幼稚園児に読んであげる本ですね。その本の二二ページはわずか五行だけです。

ところが、このたった五行の中に、「つりばしのきわ」「目をやりました」「しょうめん」「ぞうきばやし」「こだかい山」「…へとつづいていました」などと、難しい言葉や表現がならんでいます。一つ一つを取り上げたら、高学年の子どもでも分かりにくい言葉です。

これを、幼い子どもたちは、大人に読んでもらいながら、挿絵の助けを借りて、なんとなく分かっていきます。そして、それを繰り返しているうちに、子どもの持っている言葉の数がしだいに増えていくのです。

知っている言葉だけで生活していても、言葉の数は増えていきません。

●言葉で想像する力が育ちます

想像力は人間を支えます。

アウシュビッツの話を知っているでしょう。第二次世界大戦のとき、ナチスドイツがユダヤ人を集めた収容所です。多くのユダヤ人が、そこで死んでいきました。殺された人間だけではなく、病気などで死んでいった人の数のほうが多かったと言われています。

ナチスの収容所なんて、絶望するしかない場所です。仕事や財産を奪われて、家族も場合によってはバラバラ。いつ殺されるかも分からない。

その中でわずかに生き残った人たちのほとんどが、想像力の豊かな人たちだったと言われています。

あの悲惨な状況の中でも、

「ここを出たら、最高のワインが飲みたいね。」

とか、

「女の子たちと合コンするつもりだ。」

とか、

「いつかケーキ職人になって、お菓子屋さんを経営するんだ。」

なんて、どん底の中にいながら、夢みたいなことを想像して楽しむことのできた人たち。その人たちだけが生き残ることができたのです。

このように、想像力というものは、苦しいときに人を支えるものなのです。

映画好きの人は、『ライフ・イズ・ビューティフル』を思い出せば、分かるでしょう。

本は、言葉から想像するものです。本をたくさん読むということは、このすばらしい力である「想像力」を自然に養うことができる、というわけです。

また、本は文章で書かれています。子どもたちはなかなか文章で会話してくれません。「知ってる」「なあに？」「ちょうだい」「おやつ」などという単語で会話します。

本は当然文章で書かれているのですから、それを読んでもらうだけで、文章の中での言葉の使い方を学んでいけるということです。

●言葉と言葉のつながりがなんとなく分かります【文脈理解の力】

言葉というものは、文脈で読み取らなければなりません。言葉が単独であるのではなくて、前後関係で言葉の意味は微妙に変わっていきます。絵本などを読み聞かせしてもらっていると、文脈の中に自分をおいて考えている状態になります、無意識に。

言葉と言葉のつながりというものも、自然と伝わっていくのです。

②　本を読むことで、感情が豊かになります

本は、心をゆさぶります。

日常生活で子どもたちの感動する機会が減っています。でも、本の読み聞かせをしたとき、子どもたちは本の中の真実に、人物の美しさに、心を動かされます。

宮西達也さんの絵本に『おまえうまそうだな』（ポプラ社）をはじめとするティラノザウルスのシリーズがあります。このシリーズは、いつも最後に心がキュンとしめつけられる、なんとも言えない哀愁とあたたかさの漂うすてきなお話ばかりです。

この話を読み聞かせすると、子どもたちは、低学年でも高学年でも、途中からじいっと聞き入っていきます。最後には涙すら浮かべていたり、真剣に考えている表情をしたりします。

本から何かを感じ取っている姿なのです。子どもたちが本に感じて心が動いている姿なのです。

感動しない子どもたちが増えていると言われますが、心を震わせる絵本を読んでもらう子どもたちの感情は、豊かになると思いませんか。

③　親子関係・教師と子どもとの関係がよくなります

●「読み聞かせ」をしている間、子どもは読み手の言葉にじいっと耳をかたむけます

子どもも三年生ぐらいから、だんだん親の言うことをまっすぐ聞かなくなってきます。

「先生、うちの子と会話しなくなりました。」

そういうお母さんたちに、僕は絵本を読み聞かせすることをすすめています。

実行してくださった方は、みなさん口をそろえておっしゃいます。

「久しぶりに私の言葉を、子どもがじっと聞いてくれました。」

と。

絵本は、子どもとの大切な時間を作りだします。

●親や教師のぬくもりが、しみ通っていきます

上手に読む必要はありません。絵本を読んでいると、読み手の人間性のようなものも同時に相手に伝わっていきます。

ママの読み聞かせをママのぬくもりとともに聞いていることが、子どもに落ち着きを与え、親子関係をよくしてくれるということです。教師が読み聞かせを毎日のようにしていると、それだけで、教師の人間性が子どもたちに伝わることもあります。

CDなどで聴くのではなくて、生の人間の言葉だからこそ、ぬくもりが伝わっていくのです。

●親も先生も心が穏やかになり、やさしくなれます

本や絵本の力で見過ごせないのは、テレビや携帯では得られない落ち着いた時間が作れるということです。

考えてみてください。本を読むとき、何か別のことをしながらできませんよね。テレビも、ビデオも、何かをしながらできる文化です。でも、料理を作りながら本は読めないし、会話をしながらも、読めません。

しかも、ママやパパが絵本を読んでくれているとき、ママもパパも、別のことができないのです。だから、家の中に落ち着いた時間が流れていきます。落ち着いた空気の中で子どもの心も穏やかになっていくのです。

教室で読み聞かせするとき、子どもたちはじいっと集中しています。本の内容に反応することはあっても、基本的には黙って聞き入っています。教室にも落ち着いた時間が流れるのです。

本を選ぶとき、大人は、自分が感動できるものを選びます。自らの感動を子どもに伝えて、共有しようとします。そして、思いを持って本を子どもたちに読み聞かせするのですから、当然、読み手自身がやさしくあたたかい気持ちになるでしょう。

④　本は直接体験に近い

子どもたちは、本に同化していきます。大人は、子どもほど心底同化することはできにくいのですが、低学年や幼児期の子どもたちは、完全に主人公になりきってしまいます。『ごんぎつね』では、「ごん」に、『クマの子ウーフ』では、「ウーフ」に。『エルマーの冒険』の「エルマー」に。

『こすずめの冒険』というエインズワースの名作絵本があります。

初めて空を飛んだこすずめが、ママのところを離れていろいろな動物や鳥たちと出会うという冒険をするが、最後は、ママのところに帰っていくというお話です。

この絵本の世界に子どもはどんどん入っていって、本当に、こすずめと一緒になって冒険をしていきます。そして、最後にママと出会えたとき、心からほっとします。子どもたちは、この絵本を通して、独立願望、冒険願望を少なからず満たしていくのです。

本の世界では、子どもたちは主人公と同じ心の体験をします。これは、我々が想像している以上に主人公と密接な体験になっています。つまり、主人公の心の体験は、そのまま読み手の子どもたちの心の体験となっていくのです。

⑤ 絵本は「心のふるさと」

僕は最近、大人も絵本を読みましょう、ということを言い続けています。毎年開いている本の会でも、幼稚園や小学校で講演を頼まれたときでも、いつも、大人も絵本を読むことの意義を語ります。

幼い頃に読んだ絵本が子どもの心の奥底に、残っていくことがあります。心の美しいふるさとを持つようなものです。そんな経験はないでしょうか。そんな本を一冊持つということは、人生を豊かにすることですね。

また、大人こそ読んでほしい本があります。

なぜか一年生の課題図書になった『おこだでませんように』（くすのきしげのり作、小学館）という本があります。

一年生になったばかりの男の子。元気者で正直な子どもなのに、大人から見ると問題児で、怒られてばっかり。その子が七夕の短冊につたない文字で精一杯に書いた願いが「おこだでませんように」という言葉でした。それを読んだ先生は……、お母さんは……。

この本は、一年生の子どもには、もう一つ意味が分かりません。でも、教師や親が読むと、胸にひびいてきます。ちょっぴり反省もさせられます。子どもを本当にだいじにしていたかなあ……と。

大人の心にひびく本です。

三年生くらいだと、これを読んだらいっちょまえに

「いいお話だねえ。」

なんて言いますが、この本の主題に感動しているわけではありません。

大人こそ読むべき本、特に幼稚園・小学校の先生には、ぜひ読んでほしい本です。

3　学級教育と本の活用

●学級を支えるバックボーンとなる心

まず、本を教室に持ち込むことで、学級のバックボーンにすることができます。

教師というものはお説教が大好きで、すぐに子どもたちに長々とお説教を垂れますが、そんなものが子どもの心の中に染み入ってゆくはずがありません。右の耳から左の耳へと聞き流されるのが落ちです。

だいたい真正面からこられると、人は身構えてしまうものです。身構えられると、伝えるのは難しくなります。

ところが、本だと、真正面からではなく、子どもたちの横から入っていくので、すっと入っていきやすいのです。

その本の力を借りて、教師の伝えたい心をクラス全体にふりかけるのです。あたたかい絵本を読むと、教室にあたたかい空気が流れます。人を見つめ直そうということを示唆した本を読むと、なんとなく落ち着いたシリアスな空気がクラスに伝わっていきます。本一冊で教室の空気をころっと変えることができます。

子どもがいくつかよくないことをするときがありますね。注意しなければならないことが、いくつも重なるときって、ありますよね。

そうじをさぼっていた。教室で暴れていた。終わりの会をおしゃべりしてなかなか始められなかった……。

そんなとき、僕は、もう注意をするのを止めることにしています。三つも四つも注意して、しかって、それが全て子どもたちに伝わっていくはずがありません。

「ああ、もう今日はやめやめ。子どもを注意するのは、やあめた。」

そして、絵本を一冊読むか、僕のお話ノートの中からストーリーテリングをします。

そうしたら、子どもたちはリセットされて、いい顔をして学校から帰ります。

言わなければならないことは、次の日に改めて整理して言えばいい。

さて、本などで心の持ち方を示すということは、あるべき心を教えることでもあります。

「羹《あつもの》に懲《こ》りて膾《なます》を吹く」みたいに、戦後、あまりにも心の持ち方を教えることに疑問を持ちすぎてきています。そのために、本来大人が子どもに教えるべき心の持ち方、例えば、

・勇気の大切さ　・親切とは何か
・公徳心　・親孝行　・愛国心

などは教えたらいけないんだ、みたいな風潮が強すぎるのです。授業で取り上げるなんてもってのほかだ……と。

愛国心がいけないというのは、変ですよね。自分のホームランドを愛せない民族って、不幸じゃないですか。ただし、国家を愛せと教えるのではなく、ふるさとを愛する、愛郷心を教えたいなとは、思っています。

さて、今どきの子どもたちを、考えてみましょう。

今の子どもたちは、まず、自分の感情というものがもう一つ分かっていません。感情にはいろいろとあって、細やかなものだということが分からない。それが分からないから、コントロールの仕方も分からない。だから、「感情ってこういうものだよ」って、教えてあげないといけません。

『気持ちの本』（童話館出版）という本があります。

作者の森田ゆりさんという方は、ＣＡＰ（Child Assault Prevention, 児童暴力防止プログラム）を日本に導入した人ですね。ドメスティックバイオレンスなどの研究もしておられて、僕も何冊か読みました。

『気持ちの本』は、子どもたちに感情というものは、どういうものなのかを教えてくれます。

自分の中からあふれてきそうになるものは、いったい何なのか。子どもたちは知ることができます。そうしたら、少し感情の高ぶりが収まって、落ち着いてくるものです。不安がなくなります。

分からないということが、一番の不安なのですから。

さらに、「悲しい」とか「腹立つ」といった感情を、どのようにコントロールしていけばいいのかということも、教えてくれる本です。

こんなふうに、本を使って感情を教え、使い方を伝授することも必要になりました。

そして、昔なら当たり前のように子どもたちが持っていたモラルというものが、今の子どもたちには欠けています。

モラル、道徳観が危ない。そう思うことがよくあります。

モラルって、どんな風に身についていくのでしょうか。考えてみたことがありますか。

親子の対話が減りました。一緒に遊んだり、いろんなところへ行ったりはしても、会話があまりありません。家族でファミレスに入っている人たちがいたら、よく見てごらんなさい。子どもは、注文したものが来るまでゲームや携帯をしているのを見かけます。せっかく家族そろってレストランに来ているのに、会話をしない。お父さんもお母さんもメールをうったりして会話をしないという場合がけっこうあります。

核家族になって、お年寄りと同居しないおうちが増えました。おじいちゃんやおばあちゃんが、子どもを注意することもなくなってきたのです。

産婦人科で赤ちゃんを抱っこしながら、ずっと話しかけているお母さんが減ったと言われています。携帯をいじっているそうです。お母さんの話しかける言葉をたくさん聴いて育つ子どもが、減っているということです。家庭の教育力が弱くなってきたとは、言えないでしょうか。

ご近所の人から「挨拶をしない」と文句を言われることがなくなりました。他人の子どもは叱りにくい時代に入っています。社会の子育てをする力が低下しているのです。

当たり前のモラルは、どこで誰が子どもたちに教えるのでしょうか。昔は親や共に暮らすおじいちゃん、おばあちゃん、近所のおっちゃん、おばちゃんが教えてくれていました。

今は、教わらない。教わらないことは、分かるはずがありません。

そう考えてくると、今こそ、子どもたちにちゃんとしたモラルスキルを、学校で、教えていかねばならないのです。

だからといって、子どもたちの前に立って、「勇気を持ちなさい」「いさぎよさが大切だ」「親孝行しなさいよ」なんて、教師が訓辞を垂れるのではいけません。そんなことしても、子どもに染み通ってはいきません。

本の力を使って、心に染み入らせていくのは、一つの効果的な方法です。だって、本には言葉の力があるのですから。

それでは、具体的な本を使って、こんなときにこんな本を使ってみてはどうか、という話を、僕の実践を中心に話していきます。

4　こんなときに、この本を〔実践編〕

①　学級開きに　―新学期、教師からのメッセージを本にたくして……話し下手も、これでＯＫ―

二〇〇七年の四月のスタート。

僕は五年生の子どもたちに何かメッセージを送りたいと思いました。

五年生くらいになってくると、それまでどんなことでもがんばればできると思っていた子どもたちも、そんなに人生は甘くないと思い始めます。成績が不振になってくると、どうせ自分はだめなんだなあとあきらめてしまう子どもが出てくるのです。

そういう子どもたちに、僕はいくつかのメッセージを用意しました。新しい五年生。担任の先生も代わり、クラスも代わった。このときがチャンスです。

どんな子どもも、決してあきらめることはないんだよ、というメッセージを、送るのです。

初日に子どもたちに紹介した本が、宮本延春さんの自伝です。

●『オール１の落ちこぼれ、教師になる』（角川書店）

新学期の初日、子どもたちにこの本の話をしました。

「ここに『オール1の落ちこぼれ、教師になる』という本があります。この本の作者は、高校の先生です。君たちの中にも成績が悪くて悩んでいる人がいるでしょう。でも、どんなに成績が悪いと言ったって、オール1なんて絶対にいない。体育も音楽も全部1なんて人は、いないでしょう。でも、この宮本さんは、オール1だったんだ。すごいことだね。そして、中学で両親ともいなくなって、貧乏で、しかも、小学校一年生から筋金入りのいじめに合っていたんだ。なんだか、よくそんな状態で生きているなあと、驚いてしまいます。しかも、最初に就いた仕事がうまくいかずに、その上、病気までした。

どう考えても、この人が高校の先生に、それも数学の先生になるなんて考えられないでしょう。この本を読むと、こんなどん底にいたって、人は這い上がれるんだなと、思わされる。君たちなんて、まだまだ。みんな、どんなことも、まだまだあきらめることはないんだよ。

教室にこの本を置いておくから、興味を持った人は読んでみなさい。」

これが、五年生の学級開きでした。

その後も、同じようなメッセージを持った本や詩を、子どもたちにシャワーのようにふりかけていきました。

これによって、全員がやる気満々になる、なんてことはありません。しかし、このクラスでは、みんなの可能性を否定しないんだよ、どんなに成績が悪くても、いくら走るのが速くなくても、がんばってみようよ、という空気をかもし出すバックボーンには、なったと思います。

②　子どもの見方を変えたいとき　―人をみかけで判断するな、自分の目で確かめろ―

子どもたちの物の見方を、変えていきたいときがあります。そんなとき、絵本が効果的です。人をみかけで判断するな、ということを伝えたければ、いい絵本があります。

●『あしなが』（あきやまただし作、講談社）

野良犬仲間たちは、足のすらっと長い恐い感じの犬に「あしなが」というあだ名をつけて、嫌っていました。小さい犬を食べてしまったなどと、いろいろとよくない噂を流していました。でも、ある日、ケンは、あしながが自分たちと同じ野良犬で、心やさしい犬だということを知るのです。そして、仲間たちにそのことを伝えるのです。

子どもたちはこれを読むと、感動して目つきが変わります。低学年の子どもたちでも、涙をにじませます。

低学年だと、この後、いろいろな生活場面で、応用できます。例えば、子どもって、よく自分が見てもいないことを、周りの空気にのって「何々ちゃんが、こんなことした」なんていうことがあります。そんなときに、

「あしながの話のケンの仲間と一緒だね。」

なんて言うと、はっと気が付く子どもが出てきます。

●『百枚のドレス』(エレナー・エスティス作、石井桃子訳、岩波書店)

この本は、五十年以上も前に書かれたお話で、最初は「百枚の着物」という題名でした。二〇〇八年四月に亡くなられた石井桃子さんが、百歳を超えてから、現代の子ども向きに改めて翻訳しなおしたもので、古いが、新しい物語です。

ワンダというポーランド移民の女の子は、クラスの子どもたちからいじめられていました。

そして、ある日、転校してしまいます。父親からの手紙は、クラスの仲間から受けた差別を語っていました。

マデラインはずうっと気になっていました。ワンダが百枚のドレスを持っていると言ったことを、「見せてみろ」と言い続けて自分たちがからかったことが決定的になって、ワンダは学校を辞めたのではないか、と思ったからです。

ワンダが去った後、デザインコンクールに出していたワンダの作品が一等賞をとります。それは、百枚のドレスのデザインだったのです。ワンダの百枚のドレスとは、デザインのことだったのです。マデラインは、ワンダをたずねて回ります。そして、ワンダに手紙を書きます。

何週間か立って、ワンダからの手紙が学校に届きます。

そして、マデラインは、見つけるのです。ワンダがドレスの絵に描いた女の子は、自分たちのことだったんだと。そこに、ワンダの思いを見つけるのです。

この話は、いじめ、差別、友情、さまざまなことを子どもたちに考えさせてくれます。こういう話を子どもたちは、自分がマデラインだったり、ワンダだったりして、人物に同化しながら読んでいくのです。自分たちと直接的なつながりやかかわりがないことだから、冷静に考えることもできるのです。

③　いじめについて考えさせたいとき

―いじめは、人の人生を破壊する……誰かがそばにいてくれると立ち直れるんだよ―

いじめについて本気で考えて欲しいときには、この本を使います。

●松谷みよ子さんの『わたしのいもうと』（偕成社）

この本は絵本だけれども、かなり強烈です。実際に松谷さんがもらった手紙を元に書かれたものですが、いじめられた子どもがどんどん精神的に追いつめられていって、最後は、命が消えてしまいます。けれども、いじめた子どもたちは、ふつうに楽しく学校に通っていくという、恐ろしい対比で描かれています。

今の子どもたちのいじめの多くは、軽い気持ちでやっています。大したことをしている気持ちはないからこそ、いじめられた子どものほうが一方的に落ちていくのです。

僕の知っているある中学校でいじめがありました。いじめられていた子どもが自殺しました。その子どもの家族は、どこかへ行ってしまいました、今はもうどこで何をしているか分かりません。一方、いじめた子どもたちはおとがめなしです。心ある人たちだけが、そのことに心を痛めていました。

そして、月日が流れて、いじめをした子どもたちは大人になり、幸せにその地域で暮らしています。いじめも、なんにもなかったことになるのです。

いじめとは、そういうものです。僕はこの本を通して、子どもたちにいじめの恐ろしさを説きます。いじめにあった子どもたちは、声をあげられません。「いじめがつらいよ」という声をあげられたら、苦労はいりません。簡単に声に出せないからこそ、陰湿なものなのです。

けれども、高学年の子どもたちに直接ぶつけると反発するので、なかなか実際の生活の中から取り上げていくのが難しい場合があります。そんなとき、この絵本は、子どもたちの心の横からすうっと、言葉をすべりこませてくれるのです。

また、いじめや意地悪で傷ついた心が立ち直るには、別の人間の力が絶対に必要です。人間ではなくても、そういう存在が必要なのです。

●『ボロ』（いそみゆき作、長新太絵、ポプラ社）

この絵本は、いじめが原因で不登校になった女の子と年とった野良犬との物語です。

あるとき、いじめで傷ついた少女が、ぼろぼろの犬と出会います。そして、この犬に「ボロ」と名づけて学校の人目につかないところでめんどうをみていきます。

しかし、いじめはエスカレートします。少女の心を表現した絵は、子どもが学校へいけなくなるときの心の流れをよく表しています。ここを読むだけで、子どもたちは、いじめられた子どものつらい心をたどることができるのです。

少女は、つぶやきます。

「先生やお母さんに言えたら、苦労しないよ。」

いじめを受けている子どもたちの多くには、こんな思いがあるのです。簡単には大人に言えません。(我々は、子どもにいじめを受けているということを言ってもらえる大人にならなくてはならないのです。) ここを読んだ子どもたちの中には、うなずく子どももいるかも知れません。この絵本をきっかけにして、こういう絵本を選んだ教師に対して、少し心を開くこともあるでしょう。

そして、少女は、ボロの力で少しずつ立ち直っていくのです。ボロを守るためにいじめていた連中に体当たりして、ついにいじめを克服してしまうのです。

そんな簡単にいじめは解決しません。しかし、大切なものを守るためには、人は勇気が出るということを伝えることはできるでしょう。

そして、立ち直った少女には、ボロとの悲しい別れが待っていました。

思春期の子どもが仲間からはずされる状況になったら、親には言えません。教師にもめったに言えません。

親以外の誰か信頼できる大人の存在が絶対に必要なのです。教師がそういう存在になるためには、相当な覚悟と子どもへの思いと子どもの理解が必要です。

この本を読むだけで、ほっとする子どももいると思うのです。教師に代わってこの本が子どもたちに救いの手を差しのべてくれることもあるでしょう。

同じように、青木和雄さんの『ハッピーバースデー』（金の星社）や、梨木香歩さんの『西の魔女が死んだ』（新潮社）もそうだし、カニグズバーグのいくつかの作品でもそうなのですが、思春期に傷つけられた子どもが癒されるときには、おじいさん、おばあさんのような、少し距離を置いたところから暖かく包んでくれるような、そんな愛情が必要なのです。

そういう雰囲気を持ちたいなあと、いつも思うのですが、なかなかそうはいきません。だから、子どもたちにこうした本を読みます。薦めます。本は我々教師の足りない穴を少し埋めてくれるものなのです。

④　ウソをつく苦しさを振り返らせたいとき

●『あのね』（かさいまり作、ひさかたチャイルド）

子どもたちはウソをつきます。そして、苦しみます。

「ウソをつくな。」

と、指導することも大切なことです。

でも同時に、ウソをつく苦しみというものも分かってあげないといけません。クラスの仲間だってそうです。

ウソはいけない、と、声高に言うだけでは、本音の出るクラスにはなりません。

『あのね』は、子どもたちの葛藤をそのまま表しています。

友だちのおもちゃを、つい持って帰ってしまったねずみのトビーは、友だちの顔を見るたびに心がちくちくします。苦しくて悩むけれど、一言「ごめんね、持って帰っちゃった」が言い出せません。いろいろと苦しんで、最後は、友だちと同じ思いを共有するという話です。

読んでいる子どもたちは、

「あっ、ボクとおんなじだ。」

とか、

「わたしも、こんなことあったよ。」

と、共感します。この本を読んだ後で感想を書かせたら、「自分もウソをついて苦しかった」というのが、いくつも出てきます。学級教育に活かせる話だと思っています。

⑤　障碍《しょうがい》に対しての理解を深めたいとき

障碍に対する理解を子どもたちと一緒に深めるための本です。

●『新ちゃんが泣いた！』（文研出版）佐藤州男さんの傑作

少しずつ、毎日、読み聞かせするといいですね。こういう、日々の学校生活をえがいた物語を毎日読み聞かせしていると、自分たちの学校生活と物語がダブってくるのです。

この話は、「四肢性麻痺」の子どものしんちゃんとつよしとの友情がベースですが、大人が読んでも心に強く訴えてくる作品です。

僕の心に強く残ったところは、しんちゃんが施設にいるときに出会ったお兄さんが、いつも穏やかで、決して怒ったり文句を言ったりしないことを不思議に思ったしんちゃんが、お兄さんにたずねるところです。

お兄さんは、進行性の病気なので、自分には時間がない。だから、つまらないことで怒ったり悲しんだりしていられないんだと言うのです。その言葉を聞いてから、しんちゃんは泣かなくなったのです。

そして、しんちゃんは、作文で文部大臣賞をとり、みんなから祝福されます。

その席でのお母さんの挨拶が、ラストシーンです。

どういうラストかというと、これまでどんなにつらいときも泣かなかったしんちゃんが、お母さんの「がんばらなくていい。病気をせずにそばにいてくれるだけでいい」という言葉に泣き出してしまうというところです。

この本は甘ったるい話ではなく、障碍のあるしんちゃんへのいじめも、実際にありそうな形で出てきます。子どもたちがいろいろな角度から、障碍を持つ人への思いを持つことができる話だと思います。

⑥　命の大切さを伝えたいとき

子どもたちにどうしても伝えていかねばならないこと、「死」の話をします。死の話は難しい。子どもたちにうまく話せない。でも、この絵本を使えば、うまく話すことができます。

おじいちゃん、おばあちゃんが亡くなったことをいつまでも受け入れられない子どもがいたら、この絵本を読んであげるといいですね。

●『おじいちゃんがおばけになったわけ』（キム・フォップス・オーカソン作、エヴァ・エリクソン絵、菱木晃子訳、あすなろ書房）

亡くなったおじいちゃんがおばけになって、孫のところへ戻ってきます。そして、二人で忘れ物をさがして回ります。

僕なら、何を伝えに戻ってくるだろうかなと思いながら読んでしまいます。

人間はいつも死と背中合わせです。死をしっかりと見るからこそ、今生きていることが大切に思えます。

●『だいじょうぶだよ、ゾウさん』（ローレンス・ブルギニョン作、柳田邦男訳、文溪堂）

幼いネズミと、年老いたゾウ。二人はとても仲良しでした。けれどもある日、ゾウはネズミに「遠いゾウの国に行ってしまう」と告げるのです。でも、ゾウのわたるべき橋は壊れていて、ネズミにしか修理できません。ネズミは葛藤しながらも、ゾウと共に暮らします。ゾウはしだいに食べ物もろくにのどをとおらないほどに衰えていきます。そのとき、ネズミは決心します、橋の修理と大好きなゾウを見送ることを。

愛する者の死は、簡単に受け入れられることではありません。しかし、子どもたちも、こういうネズミたちと同じように、心の成長と一緒に心の中に受け入れる土壌ができるのです。

子どもたちにこの本を読み聞かせすると、子どもたちの心のページがめくられて、

「僕も、おばあちゃんが亡くなった。」

とか、

「去年、犬が死んじゃったとき、悲しかったよ。」

などと、近い存在の死を語り出します。

友だちの思いを共有するきっかけにもなるのですね。

⑦　学級に笑いがほしいとき

ジョークが苦手。子どもたちの笑いをとろうとしたら、「はあ」とため息をつかれてしまう。う

まい冗談を言って子どもたちを笑わせている教師がうらやましい。

そんなことを感じることは、ないでしょうか。

また、子どもたちに今、何かユーモアや笑いが必要だと感じているのだけれど、適当なやり方が見つからないと、感じることって、ないでしょうか。

そして、教師だって人間です。いつもいつも子どもたちの前に元気で明るくユーモアたっぷりでいたいと思っていても、それのできないときだってあります。

そういうときには、こんな絵本たちの活用がおすすめです。

●『うんちしたのはだれよ！』（ヴェルナー・ホルツヴァルト文、関口裕昭訳、偕成社）

これは、どの学年の子どもにも大受けです。頭の上にうんちを落とされたモグラ君が、いろいろなところをたずねてまわって、うんちを落とした犯人を捜して回ります。それぞれの動物のうんちは、リアルで、子どもたちはくすくす笑ってしまいます。

こういう絵本から、子どもたちは、いろんなものを笑い飛ばすユーモアを学んでいくのでしょう。子どもたちは、ナンセンスが大好きです。意味がない世界だからこそ、想像力が大きくふくらむのです。

●『おしっこぼうや』（ウラジーミル・ラドゥンスキー作、木坂涼訳、セーラー出版）

子どもたちをぐんぐん引き込んでいくお話です。平和な明るい町で幸せに暮らしていたぼうやが、戦争に巻き込まれて両親と別れてしまいます。町には笑いがなくなって、人々は怒りと悲しみにあふれます。……絵本を読んでいると、聞いていた子どもたちは、しだいに暗くなっていきます。

「でも、そんなことよりも、ぼうやにとって大切だったのは、どうしても必要だったのは……。」

ラストの展開に子どもたちは全員、ほっとした安堵の顔と明るい笑顔に変わります。

●『ボヨンボヨン大王のおはなし』（ヘルメ・ハイネ作、ふしみみさを訳、朔北社）

「テスト前で緊張している六年生に読んであげるのにいい本はないですか。」

と、担任の先生から聞かれたので、この本を貸してあげました。


仕事と責任に疲れ切った王様は、ある日、ベッドから飛び降りてボヨンボヨンとはねることの楽しさを知り、毎晩毎晩、ベッドで飛びはねます。ところが、それに大臣が気づいたために、国中にベッドで飛びはねてはいけませんという命令を出されてしまいます。大切なものを失った王様は、しだいに……。


「楽しそうに、聞いてくれました。」

と、担任の先生が喜んでいました。六年生の子どもたちが絵本に心を踊らされ、癒されたのです。ナンセンスな話だからこそ、気軽に読み聞かせしてもらえる絵本だからこそ、ぱんぱんにはった心にほっとした空気を送り込んでくれたのでしょう。

笑いや笑顔のある教室を作りましょう。いくつかこういう楽しい本のバリエーションを持っていると、教師自身が元気の足りないときでも、子どもたちに笑いと元気を届けることができるのです。

5　読み聞かせのある教室を　―言葉を子どもと保護者の心にとどかせよう―

高学年の子どもたちに毎日読み聞かせをしていると、教師の読み聞かせの力と、その場でたずねられる気軽さから、読むことの苦手な子どもたちも、本の世界に入り込みやすくなっていきます。毎日少しずつ読んであげることで、作品の世界の主人公が、自分たちの身近なものに変わっていくのです。登場人物の人柄への理解も深くなっていくのです。

●『あほやけど、ノリオ』（露の団六、中央法規出版）

本の世界に保護者の方も巻き込んでいくことで、子どもたちと保護者との対話も生まれます。後ろに僕がこの本について書いた通信を取り上げています。このような保護者への投げかけで全部の親が反応してくるなどということは、ありません。

しかし、

「先生、障碍についての話を家族でしました。」

「うちの家族にもダウン症の弟がいます。」

というような反応をいただくことも、けっこうあります。それらを再びクラスに返していくことで、おうちの方々も巻き込んで障碍についての考えが深まっていくのだと思っています。

「障害」から「障碍」へ　……学年通信から……

露の団六さんという、神戸のローカル局でパーソナリティをしている落語家さんがいます。彼の書いた『あほやけど、ノリオ—ダウン症のアニキをもって』を暮れに読みました。障碍を持ったお兄さんを関西風に「アホ」と言い切ることのすばらしさ。

人を愛するということは、慈しむことだけではなく、もっと根っこをはったものがあるのだとも、思いました。

だからといって、家族の愛し方と、教師のような他人の愛し方は、やはり違うのですが……。その中で、兄貴を「アホ」と呼んではばからない作者が、こう書いています。

「障害という言葉が、嫌いである。ノリオに平気でアホと言う。友だちに『お前の兄貴、あほやねんなあ』と、言われても、すぐに『そやねん』と、返事ができる。けれども、『お前の兄貴、障害者やろ』と、言われると、『え、ま、まあ、そや』と、答えてしまう。『あほ』は大丈夫、おれも、友だちも、みんな、あほ、だから。『かしこ』なんかこの世にいないのを、みんな、何となく知っているから。

けれども、『害』にはちょっと引いてしまう。『害』はないやろ、『あほ』にある愛が『害』にはない。だから、私は『碍』の字を使う。」

「碍」の字は伊藤隆二先生に教わったとのことですが、伊藤先生は、僕も団六さんと同じ大学に通っていたので、よく知っていますが、心の教育というものを子どもの視点から考える先生で、『こころの教育十四章』（日本評論社）は、僕のバイブルです。

「碍」とは、何かをしたくてもできない、そんな状態を差します。

僕も、「障害」をやめて、これから「障碍」という言葉を使いたいと思います。

こういう本を読むと、幸せのハードルが低くなるのです。上ばっかり見て、今の自分に不満ばかり持っていると、生きていくのがしんどいでしょ。幸せのハードルを低くすると、人生は楽しくなります。

また、この本は「人間っていいなあ。勉強できるとか、いい職場だとか、そんなことよりも、大事なことがあるなあ」って、思わされるのです。

●『ひまわりのかっちゃん』（西川つかさ、講談社）

五年生を担任したとき、四月からこの本を一学期の間、毎日国語の時間に5分ずつ読み聞かせをしました。

『オール1の落ちこぼれ、教師になる』のときに説明しましたが、僕のテーマは、子どもたちに勇気と可能性を与えることでした。

でも、勇気を与える本は、そんなにたくさんありません。「そんなの絵空事」「ボクには無理なこと」そう思わせないような物語でないと、子どもたちを勇気づけることはできないのです。

最後に取り上げるこの『ひまわりのかっちゃん』は、西川つかささんの自伝的小説です。「ひまわり学級」という特殊学級にいたかっちゃんが、卒業式で答辞を読むことになるまでのことを描いた物語で、描写も生き生きとした飽きさせない内容のすばらしい本です。

差別された叔父の家のふとんにうんちして帰ったこと。なぜこの子どもが勉強できなくなったかということなど、子どもの心理を巧みに表現していて、教師も親も学びになる話です。

これを毎日読んでいるときのことです。一人の成績もすぐれない、何してももう一つ目立たない自信のない子どもがいたのですが、その子がお母さんに『ひまわりのかっちゃん』を買ってくれと頼みました。初めて本を買ってと言われてびっくりしたそうですが、その買ってもらった本を学校に持ってきて、自分ではなかなか読まないのですが、バイブルみたいにいつも持っていました。

彼の感性のどこかにぴたっと来たのでしょう。この本は、子どもに勇気をくれます。

最後のシーンは、おうちの方に子どもたちから読み聞かせしてもらいました。子どもと同じように感じ、考えてほしかったからです。

子どもたちに本を読み聞かせしてください。高学年でも中学生でも、じいっと聞き入ります。そして、優れた作品を読んでもらっている間は、読み手と聞き手との間に心の交流が行われる時間です。言葉を通して人と人がつながりあっている時間なのです。

毎年、地元のお母さんたちを集めて「本の会」というものをしていますが、僕の話を聞いた方は、必ず、おうちで子どもたちに本を読み聞かせしてくださいます。そして、子どもとの間に、静かで穏やかな時間が流れる、と言ってくださいます。

読み聞かせは、心の交流の一つでもあるのです。

保護者会でも、僕は、絵本を読みます。物語を読み聞かせします。就学目前の保護者会では、『おこだでませんように』を読みました。多くのお母さんが涙ぐまれて、

「先生、少ししからないようにしてみます。」

と、おっしゃってくださる方もいらっしゃいました。

四年生の保護者会でイソップの『木のおさら』を読み聞かせしたら、保護者のみなさんの顔が引きつったようになりました。みなさんが何かを感じ取られたことが、伝わってきました。

本には力があります。教師の注意事項よりも、よっぽど保護者の方にインパクト強く伝えることができます。

教室で子どもたちに、保護者会で親御さんたちに、本の力を使って教育ができることがあると、信じています。

おわりに

「自分らしい本にしたい」

それが、僕のテーマでした。

そのためには、僕の特徴である語り口調というものを大切にしたかったので、講演の原稿をひもときながら、一冊の本にまとめていきました。しかし、講演で完璧に仕上げたと思っていたものが、読み物である本では、そのままは使えませんでした。「話す」ということは曖昧なことであると学べました。

それでも、できる限り論文口調ではなくて、語り口調で書くようにしました。自分らしくはできたと思います。

授業がうまくなりたい。子どもたちの輝く顔が見たい。自分の理想の教室が作りたい。そんな思いで三〇年間授業研究を続けてきました。僕が悩んできたことから得た手だてが、今、現場にいる先生たちの手助けになれば、幸いです。

また、ここ数年、各地の幼稚園や学校、セミナーで「本の話」を語ってきました。五、六年がんばって本を読んだからと言って、本について語ることはできません。幼い頃から現在に至るまで、何十年もかけて読書に親しんだ人間だけが、本について語ることができると思うのです。

母が、幼い頃よりいつも僕の手元に本を置いていてくれたこと、いつも、本が自由に手に入るようにしてくれたことが、僕の本と共に歩む人生を決定づけました。そのことが、今の僕を支えてくれていると言っても、いいでしょう。

そういう意味では、今回、第Ⅲ章で「本の教育」についてまとめられたことは、感慨深いものであります。

若い先生たちに、伝えたいことはまだまだたくさんあります。第一歩としてその一部が本の形で出せるということは、うれしいことであります。今回、この本の出版に当たって声をかけて尽力くださった「お笑い教師同盟」の中村健一先生に、深く感謝いたします。

多賀一郎

●著者紹介

多賀一郎

1955年生まれ。神戸大学教育学部卒業。神戸大学附属住吉小学校を経て，現在，甲南学園甲南小学校教諭。

元西日本私立小学校連盟国語部代表委員。元日本私立小学校連盟国語部全国委員長。

教育研究グループ「新視界クロスオーバー21」を主宰して，「教育の達人セミナー」を年二回開いたり，各地で講座・講演などを行ったりして，先生方を元気づけることに力を注いでいる。

※ブログ「多賀マークの教室日記」 http://edublog.jp/tagayan/

本文イラスト：伊東美貴

子《こ》どもの心《こころ》をゆさぶる多賀一郎《たがいちろう》の国語《こくご》の授業《じゅぎょう》の作《つく》り方《かた》

2010年11月1日　初版発行

編著者　多《た》　賀《が》　一《いち》　郎《ろう》
発行者　武　馬　久　仁　裕
印　刷　藤原印刷株式会社
製　本　協栄製本工業株式会社

発行所　株式会社　黎《れい》　明《めい》　書《しょ》　房《ぼう》

〒460-0002　名古屋市中区丸の内3-6-27 EBS ビル
☎052-962-3045　FAX052-951-9065　振替・00880-1-59001
〒101-0051　東京連絡所・千代田区神田神保町1-32-2
南部ビル302号　☎03-3268-3470

落丁・乱丁本はお取替します。　ISBN978-4-654-00271-9

人気教師の国語・社会の仕事術46

石田泰照・寺本 潔著　Ａ５／103頁　1700円

子どもの興味と理解が深まる国語・社会の仕事術各23種を紹介。表情豊かに話す練習／乱暴な文字を書く子への指導／ポスター教育で社会科に臨場感を／他。

増補　坪内稔典の俳句の授業

坪内稔典著　四六／274頁　2000円

スーパー俳人ネンテン先生の，小・中学校でのユニークな俳句の授業の様子や授業論などを収録。「言葉がつちかう町の力」「相撲と俳句は似たもの同士」を増補。

増補・合本　名句の美学

西郷竹彦著　四六・上製／515頁　5800円

古典から現代の俳句まで名句・難句の胸のすく解釈。『名句の美学』上・下巻を合本し，「補説『美の弁証法的構造』仮説の基盤を」増補。

増補　宮沢賢治「やまなし」の世界

西郷竹彦著　四六・上製／420頁　4200円

宮沢賢治の哲学・宗教・科学がひとつに結晶した傑作「やまなし」の世界を解明した名著。「やまなし」の表記のゆらぎの謎を解く最新研究を増補。

宮沢賢治「二相ゆらぎ」の世界

西郷竹彦著　Ａ５・上製／368頁　7000円

宮沢賢治の作品に秘められた「二相ゆらぎ」の謎を独自の視点から総合的に解明し，賢治の世界観・人間観に迫った画期的な宮沢賢治論。

知っているときっと役に立つ古典学習クイズ55

杉浦重成・神吉創二他著　Ａ５／127頁　1500円

小学生から大人まで，気軽に古典を学べる，短歌（和歌），俳句，古文，漢文の工夫をこらしたクイズ55問。くわしい解説付き。

算数の授業で教えてはいけないこと，教えなくてはいけないこと

正木孝昌著　Ａ５／184頁　2000円

子どもの「～してみたい」の「たい」を引き出し，筆算，九九，分数，図形，速さ，グラフなど，算数の力をどんどん付ける授業の仕方を紹介。

仕事の成果を何倍にも高める教師のノート術

大前暁政著　四六／148頁　1500円

授業や学級開きの細案の書き方，会議・研究会やセミナーでのノートの取り方，初任者研修のノートの書き方など，仕事のスタイルに合わせたノート術を紹介。

表示価格は本体価格です。別途消費税がかかります。